AF406717

Créditos

Reflexiones sobre filosofía y política

Mendoza Vester, Jorge

Reflexiones sobre filosofía y política / Jorge Mendoza Vester

© 2024 Reflexiones sobre filosofía y política - Jorge Mendoza Vester

1ª edición - Santiago, Chile, 2024

www.eco-ideas.org

Jorge Mendoza Vester

Reflexiones sobre filosofía y política

www.eco-ideas.org

Jorge Mendoza Vester es economista y magíster en filosofía.

Dirigió *Revista Ecovisiones*, desde donde difundió el pensamiento sistémico y holístico, a través de artículos: Cómo vivir mejor con menos.

Ha desarrollado reflexiones y aportes teóricos en los campos de la economía la filosofía y la ciencia política, llevándolo a publicar *Teoría de la Administración Pública* y *Diccionario de economía y finanzas*

En la actualidad, ejerce como docente de ciencias políticas en la Universidad Mayor.

Índice

Reflexiones sobre filosofía y política......................3

Introducción...14

Intersubjetividad en Husserl: ¿Un concepto vigente?
17

Introducción 17
Contexto de la intersubjetividad: la fenomenología......18
Importancia del concepto de intersubjetividad.............19
Génesis y desarrollo del concepto de intersubjetividad en
Husserl..20
Antecedentes históricos de la intersubjetividad 22
Leibniz..22
Fichte 23
Proyecciones de la intersubjetividad más allá de la Fenomenología 23
Berger y Luckmann 25
Conclusiones 27

Natorp: entre Hegel y Kant 31
Introducción 31
Epistemología y lógica en Natorp 31
Teoría del conocimiento de Natorp 31
Función del conocimiento de Natorp 35
Kant y la dialéctica hegeliana 35
Principios de la lógica 36
Lógicas polivalentes 37
Dialéctica hegeliana..38
Idealismo hegeliano 39
Realización del espíritu según la fenomenología 39
Kant desde la teoría de las ideas de Platón.................40
Conclusiones 41

El fin de la filosofía y el advenimiento de la cibernética..45

Introducción 45
Desarrollo: 45
Conclusiones 50

Superinteligencia y autopoiesis **53**
Introducción 53
Antecedentes históricos 54
El test de Turing 55
Máquinas y seres vivos 56
Principales características de una superinteligencia desde una perspectiva autopoiética 59
Conclusiones 62
Bibliografia 63

La paradoja poder - libertad en Foucault **65**
Resumen 65
Un nuevo concepto de Poder 65
Poder y Libertad 68
Prácticas de liberación y prácticas de libertad 69
La experiencia de las transiciones de sociedad 71
Podemos ser de otra manera 72
Las experiencias de Paulo Freire como prácticas de libertad 74
Conclusiones 75
Bibliografía: 78

Sobre el Fin de la Historia **79**
Palabras preliminares 79
Acerca del Fin de la Historia de Fukuyama 79
Debilidades en la Tesis de Fukuyama 83
Falacias 84
Teleológicas 85
Históricas 85
Reflexiones finales 87
Desigualdad 87
Comunicaciones y nuevas tecnologías 88
La Cuestión Ambiental 89
La Sobrepoblación 90

Conclusión 90
Referencias 91

¿Cómo vivir mejor con menos? 93
La Ilusión del Dinero 94
Necesidades y Bienes de Consumo 95
Tecnología y Calidad de Vida 96
Conclusiones y Bibliografía 97
Bibliografía 98

**Génesis del sistema político de los Estados Unidos:
Un diálogo intercontinental 99**
Introducción 99
Primeros encuentros entre colonos y nativos americanos
100
Iroqueses o Hau de no sau nee (El pueblo de la casa larga) 101
Presencia de los Iroqueses en el primer Congreso Continental
103
Federalismo y soberanía popular, aporte iroqués a los Estados
Unidos.. 104
La Confederación de las Seis Naciones y la democracia de conse-
jos.. 105
La importancia de de una carta constitutiva como fuente de legi-
timidad de la autoridad. 106
El sistema federal y su relación con la democracia de consejos
106
La separación de poderes y su rol en el equilibrio de poderes en
el sistema político.. 107
Legado cultural de los nativos americanos.................... 108
Conclusiones 110

**Representación: ¿Puede el subalterno ser representa-
do? 113**
Presentación.. 113
Algunos antecedentes previos 113
De la hegemonía al subalterno 114
Un dialogo de dos intelectuales del primer mundo 117

Inmolación en la pira funeraria 119
Sobre la representación 121
Algunas experiencias de representación 122
Reflexiones finales 123
Bibliografía 125

Introducción

En este ensayo titulado "Reflexiones sobre Filosofía y Política", el lector encontrará una exploración multifacética de algunos de los conceptos y debates claves en el ámbito de la filosofía y la política contemporáneas. La obra está estructurada en una serie de ensayos y análisis que abarcan desde la fenomenología de Husserl hasta las reflexiones sobre el poder y la libertad en Foucault, pasando por discusiones sobre la superinteligencia, la autopoiesis y las implicaciones de la cibernética en la filosofía contemporánea.

Cada ensayo representa una pieza crucial en el vasto rompecabezas de la comprensión humana. Comenzamos con una inmersión en la intersubjetividad de Husserl, donde indagamos en la relevancia y evolución de este concepto dentro de su pensamiento. Este análisis se complementa con una exploración del papel de Natorp en el entrecruzamiento de las ideas de Hegel y Kant, iluminando aspectos esenciales de la epistemología y la lógica.

La obra se adentra después en reflexiones sobre el fin de la filosofía en la era de la cibernética inspirado en reflexiones de Heidegger, un tema que resuena con urgencia en nuestro tiempo dominado por la tecnología. Este hilo se extiende hacia la discusión sobre la superinteligencia y la autopoiesis, explorando las fronteras entre la inteligencia artificial y la naturaleza humana.

El poder y la libertad se examinan a través de la lente de Foucault, revelando la complejidad y la profundidad de estos conceptos en el contexto social y político contemporáneo. Esta discusión se extiende hacia el análisis de las ideas de Paulo Freire, proporcionando una visión esperanzadora y pragmática sobre cómo podemos reconstruir nuestras sociedades.

En un giro hacia lo histórico y político, el libro contempla la génesis del sistema político de los Estados Unidos a través de un diálogo intercultural, destacando la influencia de los Iroqueses y la relevancia de su legado en la democracia moderna. Este análisis se complementa con una reflexión crítica sobre la representación política de los subalternos, un tema de gran actualidad en nuestro mundo globalizado.

Finalmente, el libro cierra con una reflexión práctica y filosófica: ¿Cómo vivir mejor con menos? Este ensayo, al igual que los anteriores, no solo es una invitación a la reflexión, sino también un llamado a la acción para construir una economía más humana.

Cada ensayo, en su singularidad, contribuye a un diálogo más amplio sobre la condición humana, la sociedad y nuestro futuro colectivo. Como autor, he procurado unir estas diversas perspectivas con un hilo conductor que refleja mi compromiso con un enfoque académico riguroso, al tiempo que mantengo una perspectiva personal y accesible.

Este libro es, en esencia, una invitación a pensar, a cuestionar y a participar en el continuo debate sobre los temas más cruciales de nuestra época. Espero que cada página sirva como inspiración y un puente hacia un entendimiento más profundo de nosotros mismos y del mundo que nos rodea.

Intersubjetividad en Husserl: ¿Un concepto vigente?

Introducción

El pensamiento filosófico se ha planteado desde sus primeros días la existencia real del mundo que está afuera del que formula la pregunta. Desde los pensadores griegos las respuestas de variada índole, pero básicamente han oscilado entre dos polos: una actitud realista que otorga certificado de existencia al mundo externo y otra que considera que ese mundo no es independiente del sujeto.

Husserl, pensador alemán de principios del siglo XX, creador de la Fenomenología , resuelve dicho problema suspendiendo el juicio sobre esta cuestión, "poniéndolo entre paréntesis". Sin embargo, es consciente en el desarrollo de la Fenomenología la debilidad que implica caer en el solipsismo.

Enfrentado a la reducción fenomenológica del yo que medita, Husserl advierte el riesgo de caer en el solipsismo ("solus ipse"). Ante la pretensión de la fenomenología trascendental de convertirse en filosofía trascendental, es decir, presentar los problemas del mundo objetivo en una teoría constitutiva que transcurre en el contexto del ego, Husserl vislumbra la inconsistencia para la Fenomenología y su búsqueda de objetividad, si ésta presenta una postura solipsista.

Éste es el problema que Husserl nos plantea con claridad en Meditaciones Cartesianas y que busca resolver para darle un sustento sólido a la fenomenología. La solución que nos plantea es la intersubjetividad, en la que los otros egos aparecen ante el yo, pero no como un objeto cualquiera sino como un un alter-ego, con los cuales el yo puede validar la objetividad del conocimiento de la experiencia.

En lo que sigue examinaré en primer lugar la posición que la intersubjetividad ocupa en la fenomenología, en que consiste en cuanto solución para los otros sujetos que aparecen en mi experiencia, en un segundo momento mostraré los antecedentes históricos del concepto y por último, las proyecciones que el concepto ha tenido, en particular hacia la sociología y también la vigencia del concepto de intersubjetividad.

Contexto de la intersubjetividad: la fenomenología

Husserl funda la fenomenología trascendental como un un proyecto de renovación de la filosofía y busca establecer a ésta como una ciencia estricta, en el escenario de un proyecto colectivo. Husserl busca explicar el sentido que el mundo tiene previo a todo filosofar y para ello propone un programa de investigación y un método. En cuanto al método este consiste en lo fundamental en la reducción eidética, la reducción trascendental y el análisis intencional.

El punto de inicio de la reflexión fenomenológica se encuentra en la experiencia concreta de un sujeto y quizás lo que mejor grafique este aspecto es la máxima husserliana: "a las cosas mismas". Esta posición implica un yo situado en el mundo y es éste la fuente de la cual puede desprender sus deducciones.

De la misma forma que la síntesis kantiana, propuesta en la Crítica de la Razón Pura, entre racionalismo y empirismo, la fenomenología también disuelve esta oposición ya que en la medida que usa como como criterio de verdad última, las experiencias evidentes, se puede considerar una forma de empirismo y ya que considera que el orden racional del mundo surge en la experiencia intencional también puede ser vista como una forma de racionalismo.

Por otro lado, la piedra angular del edificio fenomenológico trascendental descansa sobre la conciencia intencional que es la herramienta preferente para estudiar los fenómenos en su estar dados. Lo que se da a una conciencia está intencionalmente dispuesto y a lo que se dirige la intencionalidad puede ser examinado de acuerdo a sus estructuras noético – noemáticas.

A lo anterior, Husserl agrega el concepto de tipos, con lo cual el análisis fenomenológico alcanza un nivel trascendental. Los tipos son estructuras a priori que gobiernan la percepción y que anteceden a la experiencia y permiten organizarla.

Sin embargo, está pendiente aún el estatuto de la objetividad. Husserl comienza a delinear este concepto en Ideas I[1], en particular la relación de un yo (o ego), en relación a otros egos. En el §29 de este texto nos plantea que "Todo lo que es aplicable a mi mismo, sé que es aplicable a todos los demás hombres que encuentro ahí adelante en mi mundo circundante".[2]

Desde aquí Husserl argumenta por la objetividad del mundo que es percibido, en sus palabras: "... concibo su mundo circundante y el mío siendo objetivamente un mismo mundo, del que todos nosotros nos limitamos a tener conciencia de diverso modo".[3] La conciencia diversa del mundo, Husserl la explica ya que cada uno tiene un lugar desde donde ve las cosas y también, cada uno tiene diversos campos de percepción o de recuerdo. Sin embargo, precisa que, nos entendemos con los demás poniendo en común una realidad espacial y temporal objetiva.

De acuerdo a esto, el sentido de la posibilidad de un conocimiento objetivo, necesariamente retrotrae al yo y esto a su vez plantea la cuestión de que no puede seguir siendo supuesto como existente en el mundo. Es necesario darle su pureza trascendental al yo, aplicándole la reducción fenomenológica, la epojé.

Es por esto que la intersubjetividad trascendental es lo que constituye el mundo real como objetivo, como existente para otros yo, para todo el mundo siendo de esta forma una de las piedras angulares de la fenomenología.

Importancia del concepto de intersubjetividad

La importancia de la intersubjetividad es clave en el edificio

1. Husserl E., Ideas I. Fondo de Cultura Económica, México 1962.
2. Ibíd., pág 68.
3. Ibíd.

fenomenológico construido por Husserl, ya que como hemos señalado recién, éste descansa en la teoría de la intersubjetividad para darle solución al problema de la objetividad del mundo. Por tanto, una adecuada comprensión de la intersubjetividad permite una comprensión en profundidad de la fenomenología y de los alcances que ésta tiene en la comprensión del mundo y sus posibilidades de aportar a las ciencias en general y a las ciencias sociales en particular.

La solución planteada por Husserl, en tanto concepto, no era nueva para su época, pero el filósofo de Friburgo sitúa la intersubjetividad como uno de los pilares de la fenomenología y le da una proyección que trasciende su época y su disciplina. Sin embargo, no puede atribuirsele a Husserl la autoría del concepto, ya que existían antecedentes para éste en la filosofía continental, en particular en Leibniz y Fichte, a los cuales mencionaré someramente.

Génesis y desarrollo del concepto de intersubjetividad en Husserl

El concepto de intersubjetividad es enunciado por Husserl en Ideas relativas a una fenomenología pura y a una filosofía fenomenológica (Ideas), en particular en el segundo volumen de este texto (aún cuando es mencionado en Ideas I) y sobre todo en Meditaciones cartesianas, en especial en la V Meditación.

En Ideas II[4]; Husserl examina las características de la experiencia de un sujeto y plantea el ejercicio de considerar que este sujeto vive en un mundo solipsista. En tal situación, la experiencia para este sujeto seguiría siendo la misma, excepto que faltarían todos los cuerpos que pudiera percibir como sujetos psíquicos ajenos. Todo lo demás para este sujeto sigue siendo lo mismo. La misma multiplicidad de sensaciones, las mismas cosas reales con sus propiedades.

Por lo tanto, en apariencia no ha cambiado nada, solo falta respecto a la situación anterior el mundo animal.

4.   Husserl E., Ideas II pag. 122. Fondo de Cultura Económica, México 2005.

Husserl continúa el ejercicio proponiendo lo siguiente: si este sujeto es enfrentado a una comunidad de sujetos con los cuales contrasta el mundo de experiencias y este no es confirmado por la comunidad, es más, entra en conflicto con las experiencia intersubjetiva de la comunidad, se plantea la situación que este sujeto se vuelve objeto patológico para la comunidad.

Sin embargo, "… si vivimos pasiva, animalmente 'en el mundo' y en trato mutuo con nuestros iguales, todos los cuales son tan normales como nosotros entonces se constituye un mundo que nos es común". Es así como deja planteada la situación en Ideas II y que retoma ampliamente en Meditaciones Cartesianas.

Dicho en otras palabras, el sujeto solipsista podría obtener un conocimiento objetivo, pero solo no podrá saber si efectivamente lo ha obtenido.

En este texto de 1931, el filósofo de Friburgo, en la Segunda Meditación, parte abordando el tema de la intersubjetividad de la siguiente manera:

"Ciertamente, en el sentido de la reducción trascendental está implícita la imposibilidad de que ésta ponga al comienzo como existente otra cosa que el ego y lo incluido en él, con un horizonte, además, de indeterminada posibilidad de determinación."

En otras palabras, señala la imposibilidad que por medio de la reducción trascendental tengamos acceso a otros egos. Sin embargo, no se amilana ante esta dificultad y plantea que :

"Como filósofos que iniciamos nuestra actividad, no podemos dejarnos intimidar por semejantes reparos. Acaso la reducción al ego trascendental sólo traiga consigo la apariencia de una ciencia definitivamente solipsista, mientras que su desarrollo consecuente, conforme a su propio sentido, conduzca a una fenomenología de la intersubjetividad trascendental, y por medio de ella, desenvolviéndose, a toda una filosofía trascendental".

5.	Ibíd. [Las negritas son mías].

6.	Husserl E., Meditaciones Cartesianas. Fondo de Cultura Económica, México 1996, § 13.

7.	Ibid.

Si la reducción trascendental no nos posibilita el acceso a otros egos y más bien nos pone en riesgo de caer en el solipsismo, cómo entonces es posible llegar a una experiencia de mundo compartida con otros egos y que brinde a esta experiencia el estatuto de objetiva. Sobre esto Husserl nos indica que tenemos acceso a las vivencias de otros en base a la percepción de sus manifestaciones corporales. Esto supone que los sujetos en tanto experimentadores están ellos mismos constituidos en la experiencia como reales.

Además gracias a la empatía, entendida como la consciencia intencional en la que captamos a los otros en virtud de su aparecer corporal permite acceder a la consciencia de la intersubjetividad. De esta forma, el mundo intersubjetivo está en correlato con la experiencia intersubjetiva por intermedio del instrumento de la empatía. Es así como, las cosas sensibles constituidas por varios sujetos en sus multiplicidades de percepción adquieren el estatuto de objetivas por medio de la intersubjetividad y al papel que la empatía juega en está.

Antecedentes históricos de la intersubjetividad

El planteamiento husserliano sobre la intersubjetividad tiene algunos antecedentes históricos que mencionó someramente a modo de contexto. A saber, los filósofos con los que se puede trazar similitudes sobre este concepto son Leibniz y Fichte.

Leibniz

En el caso de Leibniz la semejanza proviene principalmente de que Husserl usa el concepto de mónada acuñado por el primero. Para Leibniz una mónada es un átomo, espiritual, de la realidad. Una mónada es una unidad dinámica con fuerza interior que tiene percepción. Dentro de las mónadas hay algunas que poseen conciencia y pueden percibirse a sí mismas. Al crear las mónadas Dios las predefinió con armonía para que puedan actuar de forma coordinada.

Lo cual es coincidente con el concepto de mónada en Husserl: "La mónada es un ser indivisible como un proceso de convertirse continuamente en un momento único con un solo ego único."[8]

Y sobre todo, la armonía que les permite actuar en forma coordinada, remite al concepto de intersubjetividad de Husserl.

Fichte

El concepto de intersubjetividad fue formulado por Fichte a finales del siglo XVIII. Para este autor la intersubjetividad es una de las tres condiciones de la "yoidad", las otras dos el cuerpo y la inteligencia. Inicialmente Fichte intenta demostrar la existencia de una autoconciencia libre y para ello establece el requerimiento de la autodeterminación por parte de otra autoconciencia libre, que desde su perspectiva religiosa la asocia a dios. Posteriormente el concepto de intersubjetividad lo asocia a "comunidad".

Inicialmente, parte por la relación sujeto-objeto para demostrar la autoconciencia, la cual descarta por considerar que deja encerrado en una relación circular sin solución. Por tanto, en la argumentación de Fichte la autoconciencia no puede ser explicada a partir del acto de conocer, sin presuponerla existiendo de antemano. De aquí que si el correlato del yo no puede ser un objeto, entonces sólo puede ser otro yo. Entonces se posibilita la autoconciencia por una relación entre el yo y un otro yo, en otras palabras, por medio de una relación intersubjetiva. Esta relación es una unión sintética entre dos subjetividades que tienen la capacidad de conocer objetos del mundo sensible. Los dos sujetos quedan unidos sintéticamente ya que los dos componen una totalidad que trasciende a cada uno por separado y que los incluye a ambos.

Proyecciones de la intersubjetividad más allá de la Fenomenología

8.   Steinbock Anthony J. Husserl's static and genetic phenomenology: Translator's introduction to two essays. Department of Philosophy, Southern Illinois University at Carbondale, Carbondale, IL 62901-4505, USA.

9.   Fichte, J. G., Grundlage des Naturrechts nach rinzipien der Wissenschaftslehre.

La intersubjetividad no sólo es un concepto clave para la Fenomenología , sino que también para otras disciplinas, en particular para las ciencias. El problema del conocimiento verdadero, compartido por una comunidad, es central en el conocimiento científico y la intersubjetividad como criterio de validación juega un rol fundamental en esto.

En las siguientes líneas examinaré el rol que ha jugado la intersubjetividad en una ciencia específica como la sociología y en pensadores también específicas de ésta. El debate sobre la intersubjetividad en esta disciplina se abre con el enfoque que Alfred Schütz le da a este concepto.

Schütz, sociólogo de origen austriaco y discípulo de Friedrich Hayek y Ludwig von Mises, prominentes pensadores de la Escuela Austriaca, fue también discípulo directo de Edmund Husserl. Desarrolló su quehacer profesional en Estados Unidos, donde intentó establecer un fundamento filosófico a la sociología de Max Weber, apoyándose en la Fenomenología .

Algunos de los conceptos más importantes desarrollados por Schütz son: Mundo de vida, Situación biográfica y Realidad social. Este último es el más relacionado al concepto de intersubjetividad.

Para Schütz la intersubjetividad contribuye a determinar la configuración particular del sujeto, ya que es una característica del mundo social. Más claramente, el sentido común facilita la interacción social, al dirigirse a otra persona se asumen ciertos códigos comunes que facilitan las actividades compartidas, se influye y nos dejamos influir.

Aún cuando hemos señalado, Schütz incorpora la Fenomenología de Husserl en un intento de darle fundamento filosófico a la sociología, posteriormente toma cierta distancia de ésta, planteando una crítica fundamental a la intersubjetividad, tal cual la entiende el filósofo de Friburgo. La importancia de esta crítica consiste en que permite tender puentes entre la fenomenología y los posteriores desarrollos de la sociología.

Sin ánimo de extenderme sobre este punto, cabe señalar que Schütz cuestiona el recurso de la segunda epojé propuesto por

Husserl para resolver el problema del solipsismo. Por segunda epojé se entiende el ejercicio que propone Husserl de suponer un solo ego (limpio de todo elemento intersubjetivo), para a partir de esta situación reconstruir la experiencia de otros en mi consciencia reconociendo por tanto la existencia de alter-egos.

Según señala Alexis Gros, estudioso de Schütz:

"De hecho, para Schütz, es un "descubrimiento fenomenológico" (Ibíd.) innegable que mientras que yo percibo mi cuerpo viviente desde dentro –esto es, a través de vivencias kinestésicas–, sólo puedo experimentar al cuerpo físico del Otro desde el exterior. Asimismo, es fenomenológicamente incontestable que puedo percibir la totalidad del cuerpo ajeno, estando sólo habilitado a contemplar el mío de forma parcial".[10]

Es decir, Schütz señala una inconsistencia fenomenológica entre las posibilidades que la percepción me permite de percibir mi propio cuerpo y las distintas posibilidades que tengo de percibir el cuerpo de otro ego. Este cuestionamiento según Schütz invalida la empatía, base de la intersubjetividad.

Por tanto, para Schütz la intersubjetividad no es algo a ser resuelto por medio del análisis constitucional, sino algo autoevidente de la vida misma que debe ser considerado de esta forma desde el principio. Según Schütz, en tanto nacemos de madres, la intersubjetividad y la relación nosotros, funda lo humano.

Desde esta reelaboración de Schütz es posible una sólida fundamentación de las ciencias sociales y de la sociología en particular. Revisaremos brevemente este punto en los trabajos de Peter Berger y Thomas Luckmann, para terminar con Niklas Luhmann.

Berger y Luckmann

Berger y Luckmann son conocidos por el libro escrito en conjun-

---

10. Gros, Alexis. Alfred Schütz y el problema husserliano de la intersubjetividad trascendental. VII Jornadas de Jóvenes Investigadores. Instituto de Investigaciones Gino Germani, Facultad de Ciencias Sociales, Universidad de Buenos Aires, Buenos Aires, 2013. http://www. aacademica. org/000-076/230.

to, *La construcción social de la realidad*[11]. El texto señalado ha sido mencionado como uno de los más influyentes de la sociología contemporánea. Berger fue discípulo directo de Schütz, trabajó en estrecha colaboración con él y es un continuador de su obra.

De acuerdo a Berger y Luckmann, la construcción social de la realidad descansa en que el sujeto construye la realidad, y luego esta realidad se devuelve al sujeto. De este modo el sujeto internaliza al otro generalizado con lo cual termina de formar su yo.

Según estos autores, en las múltiples realidades hay una que es la realidad por excelencia y es en la que vivimos todos los días. La realidad de la vida cotidiana son rutinas; un mundo intersubjetivo compartido con otros. De acuerdo a esto, se que el mundo es tan real para los otros como lo es para mi, por lo que la realidad es intercomunicativa.

La propuesta fenomenológica de Berger y Luckmann se plantea como objetivo principal la reconstrucción de las construcciones sociales de la realidad. Del mismo modo que Schütz, descansa en la teoría de la comprensión o verstehen elaborada anteriormente por Max Weber.

Estos autores siguiendo a Schütz dejan de lado el concepto de intersubjetividad entendido como flujo de conciencia interior, y lo conciben como "un vivir humano en una comunidad social e histórica".

Como puede verse, para estos autores, el concepto de intersubjetividad es central en la construcción social de la realidad y por tanto en el objeto de estudio de la sociología.

Luhmann

Niklas Luhmann fue un sociólogo alemán que aplicó la teoría general de sistemas en el análisis sociológico. En particular resulta interesante el uso del concepto de autopoiesis de Humberto Maturana al análisis sociológico, al considerar los sistemas sociales como organismos sociopoiéticos.

Luhmann incorporó la intersubjetividad en su esquema con-

---

11.   Berger P, Luckmann L. *La construcción social de la realidad*, Amorrotu editores, Argentina 2001.

ceptual como la formación de un tipo específico de estructuras, denominadas estructuras concordantes, las que pueden ser de consenso o disenso[12].

Para Luhmann uno de sus conceptos centrales es el de sentido social, el que entendió como sentido intersubjetivamente constituido, o sea, que descansa en la co-experiencia y la formación de expectativas respecto del otro y dotado de una organización compleja. Luhmann "incorporó la intersubjetividad en la definición de sistema social, el que concibió como un sistema de acción estructurado por expectativas intersubjetivas.[13].

El concepto de intersubjetividad evolucionó en el pensamiento de Luhmann, ya que declaró la debilidad analítica de la intersubjetividad frente a la autopoiesis de la comunicación. Sin embargo, desde la perspectiva de la teoría de sistemas, la intersubjetividad no se diluye totalmente, sino que cambia en una construcción comunicativa.

Este autor recoge el concepto de intersubjetividad, también de manera crítica, sobre todo respecto al compromiso del intersujeto, sin embargo, lo mantiene en la centralidad de su edificio conceptual.

Conclusiones

He explorado el concepto de intersubjetividad según es desarrollado en la Fenomenología de Edmund Husserl, mostrando el rol central que juega en la formulación de su pensamiento. Seguí las huellas de los antecedentes históricos del mismo en la tradición filosófica, principalmente en Fichte y en menor medida en Leibniz. Y finalmente busque la proyección de este concepto en las ciencias sociales contemporáneas, con la intención de mostrar su influencia y vigencia.

En la Fenomenología la intersubjetividad juega un rol central para resolver la validez objetiva del conocimiento adquirido de

12.   Pignuoli O, Sergio. El concepto de intersubjetividad de Niklas Luhmann. *Revista Persona y sociedad*, Universidad alberto Hurtado, Vol. XXVII / N° 3 / septiembre-diciembre 2013.
13.   Ibíd.

la experiencia. Según Husserl, un ego o sujeto solipsista podría alcanzar un conocimiento objetivo, pero sólo no podrá saber si efectivamente lo ha obtenido. Del mismo modo la intersubjetividad resuelve la incorporación del otro en la conciencia del yo.

En mi opinión la intersubjetividad es un planteamiento para resolver uno de los conceptos fundamentales en el pensamiento filosófico como es la posibilidad de acceder a un conocimiento objetivo. La solución que plantea es la validación de este conocimiento por medio de la comunidad con otros.

Si bien esta solución es novedosa y tiene su mérito, también presenta debilidades, ya que un conocimiento compartido no necesariamente es un conocimiento verdadero y de ello la historia del conocimiento (científico o no) está plagada de ejemplos, abundan los casos donde una comunidad de investigadores ha dado por cierto un determinado conocimiento, que luego los hechos se han encargado de refutar.

Me parece más apropiado el uso del concepto de intersubjetividad en el terreno de la sociología, donde efectivamente la experiencia compartida sobre la realidad define construcciones que son el objeto de investigación sociológico. Aquí la validez del conjunto de experiencias y conocimiento compartido queda definido, justamente, porque es compartido por una comunidad de sujetos.

Por cierto, el concepto de intersubjetividad abre múltiples posibilidades en la investigación de comunidades que comparten códigos y una visión sobre su ámbito de experiencia, como ocurre, por ejemplo, en las comunidades construidas en las redes sociales del ciberespacio.

Después de realizado el recorrido propuesto inicialmente, se puede afirmar la validez del concepto de intersubjetividad en el pensamiento contemporáneo y por cierto su plena vigencia.

Natorp: entre Hegel y Kant

Introducción

La escuela de Marburgo es presentada como una propuesta filosófica asociada al neo-kantismo. Esta escuela surge a fines del sigo XIX en Alemania en el contexto de una fuerte predominio de ideas hegelianas y propone un regreso a Kant principalmente a las ideas propuestas por éste en la Crítica de la razón pura y, principalmente respecto a la gnoseología. Sin embargo, un análisis preliminar de los exponentes de esta Escuela induce a confusión en su interpretación, el que podría fácilmente ser solucionado si se considera la fuerte influencia hegeliana en sus propuestas.

En lo que sigue intentaré mostrar esta influencia en Paul Natorp, en particular en su fundamentación de la teoría del conocimiento. Incorporar esta mirada en el pensamiento de Natorp, además de ayudar en su comprensión, permite mostrar la riqueza y extensión del aporte realizado por este filósofo.

Epistemología y lógica en Natorp

Enfocaré el presente ensayo considerando esta particular aproximación a Paul Natorp desde dos planos que se presentan en niveles lógicos distintos:

El primero de ellos es lógico, e intentaré mostrar en este nivel que la comprensión de la lógica de Natorp se acerca más a la dialéctica hegeliana que a la lógica binaria clásica utilizada por Kant.

El segundo es de carácter epistemológico, donde el aspecto central estará orientado a mostrar que Natorp, aún cuando considera la dualidad intuición / entendimiento, prioriza el pensamiento en el acto de conocer.

Teoría del conocimiento de Natorp

Natorp haciéndose eco de su maestro Cohen se plantea como un heredero de la tradición kantiana, en particular en su teoría del conocimiento. Sin embargo, no recoge esta herencia de manera dogmática y postula examinarla de manera crítica ya que según el filósofo de Marburgo es necesario establecer en el sistema de Kant:

"... cuál debía ser su definitivo influjo en la historia, qué parte de su doctrina estaba destinada a perecer por faltarle vitalidad, y cuál otra, por el contrario, debía continuar viviendo y evolucionando por virtud de su propia e interna energía vital."[1]

La escuela de Marburgo se replantea la interrogante que se había formulado Kant respecto a si es posible fundamentar la metafísica con el rigor y la sistematicidad de una ciencia. En palabras de Kant en el Prologo de la segunda edición a la Critica de la razón pura:

"La metafísica, conocimiento especulativo de la razón, completamente aislado, que se levanta enteramente por encima de lo que enseña la experiencia, con meros conceptos (no aplicándolos a la intuición, como hacen las matemáticas), donde, por tanto, la razón ha de ser discípula de sí misma, no ha tenido hasta ahora la suerte de poder tomar el camino seguro de la ciencia."[2]

Para ello los integrantes de la Escuela de Marburgo re-corren el camino seguido por Kant, en la perspectiva de fundamentar la posibilidad del conocimiento.

El primer paso, por lo tanto, es definir el método y en términos de Natorp el aspecto central en el pensamiento de Kant es el método trascendental. Distingue en éste dos aspectos centrales: "... la firme correlación con los facta"[3] y junto a ellos "... la razón de su "posibilidad", y con ello, el "fundamento de derecho". Esto es, obtener el fundamento nómico, la unidad del logos, de la ratio..."[4]

Con esto Natorp nos remite a las fuentes del conocimiento según Kant: sensibilidad y entendimiento. Desde el principio el filósofo de Marburgo establece que el fundamento de todo acto del

---

1. Natorp, 1956.

2. Kant Immanuel. Crítica de la razón pura, Santillana Ediciones Generales, Madrid 2013. Traducción Pedro Ribas

3. Natorp, 1956.

4. Ibíd.

conocimiento es la ley, entendida ésta como el logos, la ratio, la razón. Esta ley, no es una ley particular de una ciencia específica, sino que una ley universal que fundamenta el conocimiento. Una ley que no se impone a la experiencia, más bien se apoya en ésta.

En palabras de Natorp, por esta vía el método trascendental se constituye en crítico y lo plantea "... crítico contra toda usurpación metafísica, crítico también contra un empirismo sin ley..."[5]

Avanzando en la definición de método, Natorp precisa en el texto que hemos estado siguiendo una aproximación que es muy interesante para cuando intentemos entenderlo desde una perspectiva hegeliana. Para Natorp "La filosofía como método significa para nosotros precisamente esto: todo "ser" fijo debe resolverse en un tránsito, en un movimiento del pensar."[6]

En esta definición el filósofo de Marburgo plantea dos cuestiones que lo acercan notablemente al enfoque hegeliano. Por un lado, la preeminencia del pensar y por otro, el movimiento, el devenir que él plantea como tránsito.

Con la preservación del método Natorp plantea estar manteniendo el corazón de la filosofía de Kant, pero llevada a su desarrollo pleno. Sin embargo, Natorp plantea que Kant no aplicó a cabalidad su método y que por lo tanto es necesario corregirlo, por lo cual advierte:

"Tropezamos inmediatamente, en el comienzo de la Crítica, con una vieja dificultad o sea la contradicción entre la "intuición", considerada como un tipo particular y específico de lo dado, que parte de un objeto y afecta a la sensibilidad de un sujeto, y el pensar, que es la propia función y producción del conocimiento, entendido como pura espontaneidad."[7]

Esta dificultad, requiere ser corregida en el planteamiento natorpiano, si se quiere mantener el pensamiento como base del método trascendental.

La primera objeción que plantea Natorp a este planteamiento,

____

5. Ibíd.
6. Ibíd.
7. Ibíd.

es que la receptividad del sujeto, la afectividad del objeto, así como como lo dado de la sensación deben desaparecer como materia del conocimiento. El requerimiento de Natorp es que debe cambiar por completo el sentido de la síntesis de apercepción. En la concepción del filósofo de Marburgo no es posible fundar el conocimiento en algo que escapa al conocimiento.

Del mismo modo, la relación sujeto-objeto no puede ser comprendida antes y fuera del conocimiento, ya que para Natorp equivaldría a querer construir el conocimiento desde fuera. Fundamenta este particular punto de vista sobre el método kantiano, en que toda relación con el objeto y también con el sujeto se origina en el conocimiento y no en el contenido del objeto.

A pesar de lo anterior, Natorp rescata la importancia de la distinción kantiana entre intuición y pensamiento y de forma y materia. Considera que espacio y tiempo son conquistas kantianas respecto de las formas elementales de la intuición.

A continuación Natorp establece un sello distintivo en su formulación de la teoría del conocimiento al plantear que el pensar es quien determina lo dado. En este punto Natorp se aleja del planteamiento kantiano, que en todo momento busca mantener el equilibrio entre pensamiento e intuición y que formula de manera magistral en su afirmación "los pensamientos sin contenidos son vacíos; las intuiciones sin conceptos son ciegas"[8]

Este punto nos parece central en el pensamiento de Kant y el equilibrio planteado en él es lo que permite la superación y síntesis de racionalistas y empiristas.

Para ser justo, es necesario señalar, que aún cuando desde mi perspectiva existe una cierta preeminencia del pensamiento en Natorp, él plantea que intuición y pensamiento son una unidad en el conocimiento, como los dos extremos de una misma cuerda.

Nuevamente, esta manera de abordar intuición y pensamiento como una unidad en el conocimiento, acerca a Natorp a Hegel ya que la unidad planteada es equivalente a la unidad de contrarios hegeliana.

---

8. Kant 2013, A51.

Función del conocimiento de Natorp

Por último, en lo que respecta a la teoría del conocimiento natorpiana, se encuentra su metáfora del conocimiento como una función. Esta metáfora plantea que lo dado (por conocer) es representado por una X que puede asumir múltiples valores (x1, x2, x3…) y cuando estos valores son determinados corresponden a A que en sus múltiples determinaciones corresponden a (a1, a2 ,a3…).

De acuerdo a esto, para Natorp el conocimiento avanza en fases sucesivas aproximándose a un límite que nunca alcanza completamente. En este punto Natorp se mantiene apegado a Kant, en cuanto esta imposibilidad de conocer plenamente el objeto puede asimilarse a la cosa en sí y, se distancia de Hegel que considera posible un conocimiento absoluto.

Kant y la dialéctica hegeliana

Para realizar un adecuado contrapunto con la filosofía de Hegel y de Kant es necesario realizar una presentación, aún cuando mínima (pero necesaria), de los aspectos centrales que nos interesan de estos filósofos.

Sin ánimo de ser exhaustivo me propongo mostrar los aspectos principales de la lógica clásica, utilizada por Kant en el desarrollo de su Crítica, y de la dialéctica hegeliana que en algunos de sus puntos centrales es la que mantiene Natorp en su propuesta filosófica.

Kant en la formulación gnoseológica de la Critica de la razón pura usa profusamente dos aspectos que quiero destacar.

Por un lado, díadas, a saber: sujeto-objeto, fenómeno-noúmeno, intuición-entendimiento, espacio-tiempo; en las categorías cualidad-cantidad, relación-modo y; así es posible encontrar una ordenación binaría en gran parte del análisis crítico de kantiano, lo cual es propio de este filósofo que tiende a ver los fenómenos en relación y no de manera aislada.

Por otra parte, Kant hace uso de manera extensa para sus demostraciones y argumentaciones de un principio de la lógica clásica, como es el principio del tercero excluido. En particular, respecto de los juicios sintéticos a priori, señala que estos son necesarios y universales. Con necesarios entiende que no pueden ser de otro modo, con lo cual el criterio de demostración que utiliza es el de demostración por reducción al absurdo, el cual, necesariamente requiere que sea aplicable el principio lógico del tercero excluido.

Por esto realizaré un examen somero de las principales características de la lógica clásica, con el fin de presentar una base desde la cual establecer, en que medida Natorp, se inclina por el enfoque hegeliano o kantiano.

Principios de la lógica

La lógica clásica opera en base a tres principios fundamentales: el principio de identidad, el principio de no contradicción y el principio del tercero excluido. De forma sintética:

Principio de identidad. Este es un principio básico de la lógica de acuerdo al cual todo ente es idéntico a sí mismo, y que expresado en forma matemática ser puede formular en los siguientes términos:

$A = A.$

Principio de no contradicción En este principio, una proposición y su negación no pueden ser ambas verdaderas al mismo tiempo y en el mismo sentido. Desde el punto de vista ontológico esto quiere decir que nada puede ser y no ser al mismo tiempo y en el mismo sentido. O en otros términos, que nadie puede creer al mismo tiempo y en el mismo sentido una proposición y su negación.

Principio del tercero excluido. El principio del tercero excluido, es otro principio fundamental de la lógica clásica según el cual la disyunción de una proposición y su negación es siempre verdadera. Por ejemplo, es verdad que "Heráclito es mortal o no es mortal". Este principio, excluye otra posibilidad distinta a la proposición y su negación.

Los tres principios precedentes son los más importantes y permiten la construcción de un vasto sistema lógico, aún cuando pueden señalarse algunos más. Por ejemplo, el principio del tercero excluido suele confundirse con el principio de bivalencia, según el cual toda proposición es verdadera o falsa; aún cuando no son exactamente el mismo principio se encuentran estrechamente relacionados. Esta característica del principio de bivalencia lo lleva a ser usado en demostraciones matemáticas y lógicas por medio de la demostración por reducción al absurdo.

Para demostrar una proposición o teorema por reducción al absurdo, se supone como cierta la negación o falsedad de la proposición a demostrar, y por medio de relaciones válidas dentro del sistema en que se está trabajando se busca llegar a una contradicción lógica, un absurdo; con lo cual se concluye que la hipótesis inicial (la negación de la original) es falsa, y por lo tanto la original es verdadera.

Como señalamos en líneas precedentes, este método de demostración por reducción al absurdo, es ampliamente utilizado por Kant. Sin embargo, para que sea válida una demostración por esta vía, requiere que el principio del tercero excluido opere, lo cual no siempre ocurre. Para solucionar esta limitación se han formulado sistemas lógicos más completos.

Lógicas polivalentes

Como señalé, para que sea válida una demostración por reducción al absurdo se requiere que dentro del contexto propuesto operen el principio de bivalencia y el principio del tercero excluido, el cual no siempre es válido. Uno de los dominios en que esto acontece es el que es considerado como el más sólido desde la perspectiva de su fundamentación científica: la física.

En la moderna física de partículas, el principio de Heisenberg[9], ampliamente aceptado por la comunidad científica, invalida estos principios. En términos muy simples, la relación de indeterminación de Heisenberg establece la imposibilidad que determinados pares de magnitudes físicas sean conocidas con precisión

9. Wikipedia la enciclopedia libre. https://es.wikipedia.org/wiki/Relaci%C3%B3n_de_indeterminaci%C3%B3n_de_Heisenberg. Consultado el 22 de diciembre de 2015

simultáneamente. Por ejemplo posición y momento lineal (cantidad de movimiento) de un objeto dado.

Más precisamente, cuanta mayor certeza se busca en determinar la posición de una partícula, menos se conoce su cantidad de movimiento lineal y, por tanto, su masa y velocidad[10].

La consecuencia del principio de indeterminación de Heisenberg es que abre el conocimiento de una partícula a una distribución de probabilidad de ésta, ya que no se puede establecer con certeza verdadera la posición de una partícula y su momento, si no sólo una distribución estadística.

A partir de este hecho y de otros enfoques se han formulado otros sistemas lógicos que buscan resolver estas limitaciones de la lógica clásica. Dentro de ellos se pueden mencionar:

* la lógica dialéctica de Hegel
* la lógica trivalente de Lukasiewicz
* la lógica modal, de Kripke, que definen tres modelos de verdad: lo verdadero, lo falso y lo problemático
* la lógica difusa de Zadeh
* la lógica polivalente de Gödel, a partir de su teorema de la incompletitud
* la lógica intuicionista desarrollada por Brouwer
* la lógica producto, tetravalentex

Dialéctica hegeliana

De acuerdo a lo señalado en la sección precedente, la lógica dialéctica según fue formulada por Hegel se aparta de la lógica clásica, en particular y de manera muy importante en lo que respecta al principio de no contradicción, ya que de acuerdo a Hegel una cosa es y su contrario y el desenvolvimiento de cualquier proceso, puede ser explicado precisamente, por la transformación de algo en su contrario. En términos hegelianos puede decirse que la identidad es la determinación de lo simple inmediato y estático,

___

10. Wikipedia la enciclopedia libre. https://es.wikipedia.org/wiki/L%C3%B3gica_plurivalente. Consultado el 24 de diciembre de 2015.

en cambio la contradicción es la fuente de todo movimiento y vitalidad.

Sobre este particular, quisiera señalar algo que no he visto en reflexiones anteriores y que me parece de primera importancia. La supuesta diferencia insalvable entre lógica clásica y dialéctica puede ser resuelta, si se considera el tiempo como la variable que permite establecer una continuidad entre ambas.

La formulación de la lógica clásica para el principio de no contradicción señala que: una proposición y su negación no pueden ser ambas verdaderas al mismo tiempo. En cambio la dialéctica admite que algo puede ser su contrario/complementario y que en su desarrollo puede transformarse en éste.

Como puede verse la diferencia principal la establece el tiempo. En la lógica clásica es un momento estático del tiempo el que establece la imposibilidad para que algo sea su contrario, en la dialéctica es el el flujo del devenir lo que lo posibilita.

Si se me permite el alcance, la ciencia económica establece está distinción cuando señala la diferencia entre variables de flujo (ingreso) y variables de stock (patrimonio, riqueza).

Idealismo hegeliano

Realización del espíritu según la fenomenología

La obra en que Hegel expresa con mayor claridad su concepción de la historia es la Fenomenología del Espíritu, en ella el filósofo alemán divide la historia en tres grandes fases: la unidad originaria (la Grecia clásica), la división conflictiva (desde Roma hasta la Revolución Francesa) y, por último, la vuelta a la unidad en el tiempo presente de Hegel.

Expresado esto términos abstractos es equivalente a señalar que La Idea sale de sí y se exterioriza en la Naturaleza y luego vuelve a sí en el Espíritu. En esta síntesis sumaria del pensamiento de Hegel, resalta el predominio de la idea en su concepción filosófica.

Aquí lo central es una cuestión epistemológica. Kant cuido

mantener el equilibrio entre intuición y entendimiento, entre datos sensible y razón, buscando resolver una antigua polémica que el identifico con la polémica entre racionalistas y empiristas. Desequilibrar el cuidado balance de la arquitectura kantiana inevitablemente inclinará hacia uno de esos polos y es el riesgo en que incurre la Escuela de Marburgo y Natorp en particular.

Natorp advierte esto y visualiza la similitud del trabajo que está realizando con el enfoque hegeliano cuando señala "... podría parecer en especial que marchamos de nuevo por el camino que Fichte y Hegel tomaron..."[11]. El camino al que alude es la superación de los dualismos intuición/pensamiento y materia/forma. El filósofo de Marburgo intenta mantener la distancia con Hegel y critica la interpretación que hace Hegel de las categorías de Kant y al hacerlo señala la limitación de la lógica tradicional, afirmando:

> "... a diferencia de la obligada dualidad de afirmación o negación que acostumbraba la lógica. El principio de esto puede encontrarse, por lo demás, en Platón, cuando contrapone en El sofista lo "uno" a lo "otro" como denegación, entendiéndola como una oposición correlativa de la continuidad, como mutua compenetración, con lo cual el pensar se resuelve en movimiento, en progreso."[12]

Estas afirmaciones de Natorp son sumamente ilustrativas de lo que he venido planteando: la concepción de la lógica del marburgués, en la cual acepta la identidad de los contrarios y una concepción del pensar que es dinámica, que es flujo en movimiento.

Con esto queda clara la comprensión dialéctica que Natorp tiene no sólo de Platón, sino que por extensión de Kant.

Kant desde la teoría de las ideas de Platón

Tanto Cohen como Natorp consideran que Platón es un buen punto de referencia para interpretar a Kant y he decidido incluir

___

11. Natorp, 1956.
12. Ibíd.

una referencia sumaria a la interpretación que Natorp hace de la teoría de las ideas de Platón como argumento adicional a la prioridad que el marburgues otorga al pensamiento en el conocimiento.

Según Natorp "... las ideas platónicas no necesitan ser consideradas como cosas en sí mismas, ni inmutables ni eternas."[13] interpreta las ideas "... como principios estructurales del conocimiento; es decir, dotadas de cierta realidad objetiva a priori pero sólo mediante la actividad de la mente humana e inherente a ella..."

En líneas gruesas, la hermenéutica que Natorp plantea del pensamiento de Platón, considera que las ideas no permiten una "... construcción pura del conocimiento que por sí misma tenga validez objetiva; es decir, las ideas por sí mismas no posibilitan objeto alguno."[14] Al contrario, las ideas platónicas sólo otorgan características a las cosas, siempre y cuando éstas no se separen del pensamiento y en esta posición las interpreta como principios estructurales del conocimiento.

En opinión de Natorp, de la teoría de las ideas de Platón se desprenden dos aspectos relevantes: "(1) las ideas de Platón son leyes, no cosas en sí; y (2) la doctrina de las ideas versa sobre la posibilidad y constitución del pensamiento a priori".[15]

Como puede verse este planteamiento entronca con la inquietud kantiana por la posibilidad del conocimiento. Sin embargo, la interpretación que Natorp da desde Platón a la pregunta por la posibilidad del conocimiento, le otorga prioridad al pensamiento por sobre la intuición en el acto de conocer y, como he señalado previamente el punto del equilibrio entre intuición y entendimiento es un aspecto central en la doctrina kantiana del conocimiento.

Conclusiones

Una de las máximas que distingue a la Escuela de Marburgo es

13. Aguilar M., Ernesto Bajo Palabra. Revista de Filosofía, II Época, Nº 9 (2014):223-232.
14. Ibíd.
15. Ibíd.

su planteamiento de volver a Kant y a partir de los cimientos filosóficos kantianos construir un sistema de pensamiento que pretende ser la expresión más depurada y que alcanza la plenitud de lo que se encontraba en potencia en el planteamiento original de Kant.

Recorrer este camino lleva a Natorp, en lo medular, a otorgarle prioridad al pensamiento por sobre la intuición, con esto se distancia de Kant y de su muy bien logrado equilibrio ente racionalismo y empirismo y, más bien se aproxima a posturas idealistas que lo acercan a los planteamientos hegelianos.

Por otro lado, la formulación natorpiana del proceso de conocer como una identidad de intuición y pensamiento, donde lo dado queda determinado por el pensamiento, es muy similar a la formulación hegeliana de identidad de contrarios. Con respecto a esto considero que Natorp también se acerca poderosamente a la perspectiva hegeliana al considerar el conocimiento como un proceso en permanente evolución.

En estrecha relación a este último punto, el planteamiento metafórico de Natorp del conocimiento como una función del conocimiento, lo distancia de la visión hegeliana. La metáfora de la función del conocimiento, concibe al conocimiento en un proceso de aproximación asintótica a un límite que nunca es alcanzado y que como señalé mantiene un aspecto de la realidad no cognoscible que guarda reminiscencia con la cosa en sí kantiana.

Un punto relevante que surgió de la exploración de los temas de este trabajo es una comprensión sintética de la dialéctica y la lógica clásica. El punto central en que estas dos concepciones se encuentran enfrentadas es el principio de no contradicción. Éste en su formulación más clásica y que proviene de tan antiguo como Aristóteles plantea que: una proposición y su negación no pueden ser ambas verdaderas al mismo tiempo y en el mismo sentido.

Si se examina con atención esta formulación y se considera aquella parte que señala la imposibilidad de que algo contradictorio ocurra al mismo tiempo, se tiene la clave para ligar la lógica clásica a la dialéctica sin que exista divergencia entre ambas, ya que está última es esencialmente dinámica y considera procesos en que una cosa se se desenvuelve y llega a ser su opuesto/complementario que en un inicio estaba en potencia. Es por esto que lógica clásica y dialéctica pueden ser vistas como dos momentos, una en su momento inicial, estático y la otra como un proceso en movimiento.

En el presente trabajo se presentó una interpretación del pensamiento de Paul Natorp respecto a su teoría del conocimiento, efectuando contrapuntos entre las perspectivas filosóficas de Kant y Hegel y, aún cuando la Escuela de Marburgo se plantea como neo-kantiana, es perfectamente válido considerar las contribuciones provenientes desde Hegel que permiten una mejor comprensión en el rico planteamiento filosófico de Paul Natorp.

El fin de la filosofía y el advenimiento de la cibernética

Introducción

En la entrevista que Martín Heidegger concede a la revista Der Spiegel, afirma que la filosofía ha llegado a su fin. Apremiado por el entrevistador para que realice sugerencias relevantes desde esta disciplina para abordar el mundo moderno, Heidegger responde que si bien la filosofía ha llegado a su fin, no ha desaparecido y que ahora la mirada debe dirigirse a las ciencias y más específicamente a la cibernética.

Para resolver la interrogante planteada por Heidegger en su afirmación, debe dilucidarse primero, qué entiende él por filosofía y si lo que entiende por filosofía ha realmente llegado a su fin.

A continuación, en el evento que la repuesta a la aseveración planteada por Heidegger, sea positiva, es necesario investigar, si efectivamente las preguntas que se ha planteado la filosofía, las responde más adecuadamente la ciencia y en particular la cibernética.

Desarrollo:

El interés filosófico principal de Heidegger, se centra en la metafísica y en particular en la pregunta por el ser, que considera su pregunta fundamental, tal como lo manifiesta cuando en Introducción a la metafísica (1935) abre con la interrogante "¿Por qué es el ente y no más bien la nada?" En opinión de Heidegger esta pregunta estaría incluida en la pregunta por el ser, ya que el ser es el concepto más general y su ámbito lo abarca todo.

Cuando Heidegger pregunta específicamente por el sentido del ser, señala que dicha pregunta no ha encontrado consonancia y que ha sido rechazada en los círculos filosóficos. En su opinión, cuando formula esta pregunta lo hace para reconducir la existen-

1.	Heidegger, Martin. *Introducción a la Metafísica*. Barcelona, España, Editorial Gedisa 2001, pag 45.

cia histórica del hombre y por tanto la futura. Esto dentro de los límites en que la capacidad de la filosofía puede lograr algo[2].

En líneas muy gruesas este es el tema principal que ocupa la reflexión filosófica general de Heidegger y a partir de éste, establece un relación estrecha entre filosofía y metafísica y dentro de la última, sus prioridades se inclinan por la ontología. Por lo tanto, en lo que nos interesa en esta reflexión, Heidegger asocia la filosofía con la pregunta por el ser.

La crítica planteada por Heidegger, a la acogida que ha encontrado en los círculos filosóficos la pregunta fundamental de la metafísica, es uno de los aspectos centrales que desarrollaremos en este artículo. La respuesta a esta inquietud, se buscara en la reflexión que Heidegger hace sobre la técnica en su segundo periodo.

La tendencia, que Heidegger delinea con agudeza en su análisis de la técnica, es que en el mundo contemporáneo todo está invadido por el binomio ciencia + técnica y que éste más que develar el ser ha contribuido a su ocultamiento.

Según nos señala Heidegger, la técnica ha desplegado un enorme poder en Occidente y lo que señalaba como un augurio en su época, hoy se ve plenamente cumplido, ya que el poder de la ciencia europeo-occidental se ha extendido por todo el globo terráqueo.[3]

Las ciencias expresan su influencia en el quehacer humano y expresan esta influencia en todos los aspectos de la vida moderna, en la economía, en la educación, en la publicidad, en la actividad comercial en general.[4]

A pesar de lo anterior, la técnica en cuanto produce, se encuentra en el ámbito del desencubrir y en este aspecto en el de la verdad. En este sentido lo esencial de la técnica no radica en hacer y manipular, ni en el uso de medios, sino en el desencubrir. Este

---

2. Ibíd., pág. 46.
3. Heidegger, Martin. Ciencia y meditación en *Filosofía, ciencia y técnica,* Santiago, Editorial Universitaria 1997, pág. 152.
4. Ibíd.

aspecto es central si seguimos el hilo argumentativo de Heidegger, ya que en cuanto modo de desencubrir, la técnica es metafísica, al mostrar el ente de esta o aquella manera. Si extendemos el argumento, la cobertura planetaria que tiene la técnica la lleva a configurar la imagen del mundo y en este sentido es metafísica, ya que si hay algo que caracteriza a la metafísica es fundar una época "mediante una determinada interpretación del ente y mediante una determinada concepción de la verdad"[5].

En cierta medida Heidegger plantea que la metafísica ha alcanzado su consumación y que por esto se debe recurrir a la ciencias para descubrir el ser del ente. De alguna manera, Kant planteó algo parecido en la "Crítica de la razón pura" al formularlo casi como un programa. En sus palabras, si:

> "... la metafísica se inserta en el camino seguro de la ciencia, puede abarcar perfectamente todo el campo de los conocimientos que le pertenecen; con ello terminaría su obra y la dejaría, para uso de la posteridad, como patrimonio al que nada podría añadirse, ya que sólo se ocupa de principios y de las limitaciones de su uso..."[6]

En el contexto de la imagen del mundo definida por la técnica, Heidegger plantea que las respuestas a las preguntas fundamentales de la filosofía ya no deben ser buscadas más en ésta o en la metafísica, sino en las en la ciencias, sobre todo en la cibernética.

Hemos seguido a Heidegger en su argumento que la técnica es en esencia desencubrir, desocultar y por lo tanto en este sentido es metafísica. Por lo tanto, corresponde preguntarse si las ciencias y la cibernética permiten responder de manera más adecuada a los temas centrales de la filosofía, o reflexionar sobre ellos.

Para ello, y continuando con su línea argumentativa necesitamos hacernos una idea de lo que él entiende por estos conceptos.

---

5.   Rodríguez Ramón. *Heidegger y la crisis de la época moderna*. Madrid, España, Ediciones pedagógicas 1994, pág. 178.

6.   Kant Immanuel. *Crítica de la razón pura*. España, Editorial Taurus, 2013, BXXIV.

Heidegger, como hombre de su tiempo está al tanto del desarrollo gigantesco de la ciencia de su época, en particular de la física relativista y cuántica y del avance de disciplinas omni-comprensivas como la cibernética.

Heidegger se refiere a la ciencia de una manera genérica y tampoco es muy explícito acerca de lo que entiende por cibernética. Precisar estos conceptos, escaparía a la extensión de este artículo, por lo que exploraré brevemente algunas de las características que debe reunir la ciencia para responder a la pregunta por el ser y extenderé el alcance de la cibernética a la Teoría General de Sistemas (TGS), ya que ambas van de la mano y se complementan de manera adecuada para lo que nos interesa en este ensayo.

Una de las propiedades significativas de estas disciplinas radica en su enfoque, que consiste en analizar los fenómenos en relación, manteniendo la perspectiva del conjunto. Esta característica, junto a la de de estudiar procesos más que contenidos, las ha llevado a ser transdisciplinarias, enriqueciendo con su enfoque a varias ramas de la ciencias. Adicionalmente, la forma de abordar su objeto de estudio y campo de aplicación, las ha llevado a provocar una fuerte transformación en el quehacer científico y técnico, al traer de vuelta la mirada del conjunto, desplazada por el enfoque analítico y cartesiano al que ha conducido la híper-especialización y fragmentación del mundo de la ciencia.

Las características señaladas de la cibernética y la TGS, ¿les permite ser disciplinas adecuadas del pensar y permiten responder adecuadamente las preguntas filosóficas fundamentales del ser humano?

En mi opinión, la cibernética tiene méritos significativos para erguirse en fuente de respuestas a las preguntas centrales de la filosofía. De hecho, la TGS ha incursionado con éxito en la psicología, dando origen al enfoque sistémico, uno de los más promisorios y con mayor estatus científico en esta disciplina. Mencionamos este ámbito, por cuanto nos parece que esta ciencia es una de las más relacionadas con las preguntas fundamentales del ser humano. Además, la TGS, que nace desde la biología, ha extendido su alcance a la economía, administración y sociología. En este sentido, es pertinente mencionar los trabajos de Humberto Maturana, quien desde la biología y aplicando la TGS, ha buscado fundamentar la vida, la cognición y el comportamiento humano en áreas como la educación o la política.

Sin embargo, a pesar de lo señalado, sigue pendiente la pregunta acerca de si la cibernética y La TGS son la expresión de la metafísica consumada, ya que igualmente la ciencia tradicional aún deja fuera algunas cuestiones de primera importancia en la reflexión filosófica.

Para responder esto, es necesario preguntarse, de dónde surgen las preguntas fundamentales que inquietan al ser humano y que son el tema de la filosofía. Hasta ahora y siguiendo a Heidegger se ha señalado que es la pregunta por el ente. Sin embargo, quiero ir más allá del foco en que nos pone este planteamiento y tal cual hace este autor, recurrir al mundo griego para ampliar esta visión.

Heidegger citando a Aristóteles en su ensayo "Qué es la filosofía", señala que: "filosofía es ciencia que contempla los primeros principios y causas7, aclara no obstante, que el concepto de ciencia no debe ser entendido en su acepción moderna, sino que es un conocimiento u observar experto. En las palabras finales de este mismo ensayo y en esta ocasión citando a Platón afirma que la actitud del filósofo está asociada al asombro (πάθος)8 y que éste es el sustento de la filosofía desde el principio hasta el final.

Ahora bien, cuáles son las interrogantes que causaron y siguen causando asombro a los hombres hasta nuestros días. Estas preguntas tienen su origen y, no puede ser de otra manera, en las cuestiones fundamentales del ser humano en tanto humano, mencionamos entre otras, sin pretender ser exhaustivo: la vida, la muerte, la felicidad, el amor, el sentido de la existencia, el saber más allá de lo dado…

La filosofía, desde el mundo griego recogió estas inquietudes y las ha formalizado. A su vez, la tradición europea occidental, en

7.   Heidegger Martin. *¿Qué es la filosofía?* Barcelona, España, Editorial Gerder, pág 47.

8.   Ibíd., pág 58.

particular con Descartes y Kant, ha restringido su exploración, exclusivamente al ámbito de la razón.

Kant en la "Crítica de la razón pura", encaminó el desarrollo de la metafísica, al señalar que: podemos imaginar los absolutos, pero no los podemos conocer, relegando, de esta forma, a cuestiones como el amor o la felicidad al reino de los absolutos incognoscibles.

La metafísica, al quedar restringida al ámbito de la razón y además, la sociedad moderna al enfatizar este aspecto por medio de la técnica, la ha dejado limitada a un espacio, que no es el dominio natural para responder estas interrogantes.

El mismo Heidegger vislumbra este problema al reflexionar sobre la afirmación "Todo el mundo considera correcta la afirmación de que la filosofía es un asunto de la razón."9, si bien, él se inclina por responder adhiriendo a esta aseveración, está plenamente consciente que para cautivar a su auditorio debe seguir una línea en "... que aquello de lo que la filosofía trata nos interese y nos afecte, nos afecte directamente en nuestro ser mismo"10. Acto seguido, reconoce el riesgo que esto conlleva, ya que arrastraría a la filosofía al mundo de los afectos y los sentimientos.

Conclusiones

Resumiendo, no es que la metafísica haya llegado a su fin o logrado su consumación, sino que ha sido conducida a un callejón sin salida, donde sólo puede responder lo que su instrumento preferente, la razón, le permite.

Como señalamos, la metafísica ha dejado de lado cuestiones centrales que escapan a la razón y que por lo tanto no puede responder. Del mismo modo, tampoco la ciencia fragmentada e hiper-racionalizada puede hacerlo.

Desde la perspectiva heideggeriana, una metafísica consumada, no quiere decir que haya finalizado, que se deje de pensar metafísicamente o, que no se vayan a crear nuevos sistemas metafísicos. Sin embargo, para que estos tengan relevancia, necesariamente

9.   Ibíd., pág 31.
10.   Ibíd., pág 31.

deben retomar aquellos aspectos que la razón ha olvidado.

Esto, también es válido para la ciencia que tenga las limitaciones ya mencionadas. Sin embargo, en esta área se vislumbran disciplinas que abordan el pensar científico con mirada global, incorporando aspectos olvidados en el pensar mismo.

En este sentido, la superación de la metafísica significa volver a sus orígenes, donde el pensar se vuelve recuerdo y nada mejor que terminar con la palabra recuerdo ya que en su origen (recordis) ésta significa volver a pasar por el corazón.

Superinteligencia y autopoiesis

Introducción

En los últimos años se ha comenzado a discutir sobre la posibilidad que las máquinas puedan llegar a adquirir una inteligencia similar o superior a la del ser humano. A esto se ha denominado superinteligencia y en este artículo en particular, cada vez que hagamos referencia a superinteligencia estaré refiriéndome a ello.

Esta reflexión desarrollada en el contexto de la Inteligencia Artificial (IA), ha comenzado a ser posible debido a los significativos avances en la capacidad de procesamiento de información de los ordenadores y en la incorporación de nuevos enfoques en programación.

La relevancia de esta reflexión se encuentra dada por las implicancias que tendría la aparición de un sistema de tales características en las sociedades humanas. Un posible aspecto, se encuentra en el hecho que por primera vez los humanos se encontrarían ante un interlocutor no biológico con la facultad de la inteligencia, con todas las posibilidades que esto conlleva. Otro aspecto a considerar son los objetivos hacia los cuales se orientaría una superinteligencia, sobre todo en la eventualidad que estos resultaran perjudiciales para los humanos.

En cualquiera de estos casos, la identificación de la emergencia de una superinteligencia resulta un tema de primera importancia y por lo tanto, es pertinente considerar el desarrollo de herramientas que permitan identificar este hecho.

La reflexión sobre una IA equivalente o superior a la humana tiene una serie de complejidades que están estrechamente relacionadas con la reflexión sobre el ser humano mismo. Una parte importante de esta relación, se origina en que, una gran parte de la discusión sobre la inteligencia en las máquinas, se ha centrado en una antropomorfización de las características de dicha inteligencia.

Otro aspecto que resulta complejo de examinar, es el grado de desarrollo requerido en una máquina para que se pueda hablar verdaderamente de superinteligencia. Tal cual ocurre con los seres vivos, la inteligencia es una cuestión de grados, por lo tanto, distinguir el momento preciso en que una máquina ha alcanzado el nivel suficiente de inteligencia para considerarla una superinteligencia, no es una cuestión trivial.

Para aportar a esta reflexión, me propongo examinar las características necesarias y suficientes en el advenimiento de una superinteligencia, que permitan distinguir la emergencia de un sistema con capacidades iguales o superiores a las de un ser humano. En el desarrollo de estas ideas me apoyaré en el modelo teórico propuesto por Humberto Maturana y Francisco Varela (Maturana y Varela 1998) para explicar el fenómeno de la vida: la autopoiesis.

Antecedentes históricos

Desde una perspectiva histórica, los autómatas o sistemas inteligentes siempre han provocado un fuerte impacto en las personas. Uno de los más antiguos, el sistema de Raymond Llull conocido como Ars Magna, en el siglo XIII, buscaba sintetizar el conocimiento filosófico y teológico, demostrando la verdad o falsedad de sus proposiciones. Anteriormente, a principios del siglo XIII, Alberto Magno había impresionado con la fabricación de una cabeza parlante y un autómata de hierro que lo habría asistido como mayordomo.

La aparición de distintos dispositivos "inteligentes" tuvo cierta frecuencia en Europa en el mundo árabe y China, incluso algunos casos notables terminaron siendo un fraude, como el turco ajedrecista. Sin embargo, es a mediados del siglo XX, en el contexto de la Segunda Guerra mundial, cuando surge la primera computadora moderna, en cuyo desarrollo participó Alan Turing. La importancia de éste matemático y teórico es decisiva en el desarrollo de la inteligencia artificial, entre otros aportes formuló lo que hoy es conocido como el "test de Turing" (Turing 1950) y que es ampliamente utilizado para probar la inteligencia de una máquina.

El test de Turing

En un artículo que hoy es clásico, Maquinaria computacional e inteligencia, Turing plantea la pregunta: "¿Pueden pensar las máquinas?" (Turing 1950, pág. 1). Inmediatamente, él observa que para responder adecuadamente esta pregunta se debiera comenzar por definir que se entiende por pensar y que se entiende por máquina. A continuación, el autor señala las dificultades para precisar ambos conceptos y propone en su reemplazo, un juego que considera estrechamente relacionado con la pregunta que ha planteado y que desde su perspectiva resuelve sin ambigüedades los conceptos de "máquina" y "pensar" involucrados en su pregunta.

El juego propuesto por Turing, consiste en someter a prueba a un ser humano y a una máquina programada adecuadamente para simular a un ser humano. Ambos sujetos: ser humano y máquina son sometidos a examen por interrogadores humanos que interactúan de manera indirecta con los interrogados y establecen con ellos un diálogo de preguntas y respuestas. En opinión de Turing, si la máquina es capaz de sortear de manera exitosa este examen, se puede afirmar positivamente que la máquina es capaz de pensar.

Este enfoque, que ha sido predominante en los estudios sobre IA, tiene algunos puntos fuertes, pero adolece de serias deficiencias que lo limitan para servir como una prueba adecuada de inteligencia o de la facultad de pensar de las máquinas. Mencionaré someramente algunas de las características del test de Turing, ya que del resultado de su examen desprenderé un enfoque alternativo para analizar este problema.

Dentro de sus fortalezas, puedo señalar que sitúa la investigación sobre el contexto del lenguaje natural y que resuelve operacionalmente la dificultad de definir el concepto de inteligencia. Respecto a la elección del lenguaje, es necesario señalar que más allá de cualquier definición de los conceptos de inteligencia o pensar, todos los seres vivos asociados con algún grado de inteligencia, han desarrollado alguna forma de lenguaje, por lo tanto, la opción de Turing porque su prueba ocurra en el lenguaje, me parece una elección adecuada.

Sin embargo, hay otros aspectos de la prueba que tienen debilidades, a saber:

El lenguaje humano tiene dos componentes, uno verbal o digital, que podemos asociar al contenido y otro no verbal que corresponde al ritmo, inflexión, entonación, volumen de la voz, al lenguaje corporal entre otros. Los especialistas difieren respecto al porcentaje que corresponde a cada cual, pero todos coinciden en la importancia del lenguaje no verbal, situándola sobre el cincuenta por ciento del contenido de la comunicación. Una importancia de esta magnitud es sin duda un serio inconveniente para los resultados que arroja la prueba.

El test de Turing, evalúa el desempeño de una máquina inteligente por sus resultados y los compara con un ser humano. Mide que tan bueno es el desempeño de la máquina, al co-derivar en el lenguaje con sus examinadores, respecto a lo como lo hace un ser humano. En este aspecto, el test de Turing, al medir por los resultados, no propone un modelo explicativo de cómo o cuál es el comportamiento de una máquina para ser considerado inteligente o si una máquina está pensando.

Considerando estas debilidades del test de Turing, puedo señalar que éste una herramienta que nos da una primera aproximación al problema que se está examinando, pero si se quiere un modelo que de cuenta en forma más completa de la IA, hay que recurrir a otros enfoques.

Máquinas y seres vivos

Los biólogos Maturana y Varela propusieron en 1972, un concepto para explicar el fenómeno de la vida al que denominaron autopoiesis. La expresión es un neologismo proveniente de las expresiones griegas poiesis, producción y auto, si mismo, es decir producción de sí mismo. De acuerdo a la perspectiva de Maturana y Varela, cuando un sistema es un organismo autopoiético se le puede considerar un ser vivo, independientemente de si es una entidad biológica o no.

Me parece que la característica de no discriminar entre seres biológicos de los no biológicos, para caracterizar la vida, junto a otros aspectos, hace de la autopoiesis un modelo adecuado para describir algunas cuestiones fundamentales de una superinteligencia.

Para Maturana y Varela, lo que define la identidad de un ser vivo no son los componentes que conforman su estructura, sino la organización entre estos componentes. En donde, como señala Varela, "La organización de lo vivo es, en lo fundamental, un mecanismo de constitución de su identidad como entidad material" (Maturana y Varela 1998, pág. 45).

Los seres vivos son sistemas que están en una permanente autoregulación de sus procesos internos a través de un mecanismo conocido como homeostasis, que se expresa de diferentes formas dependiendo de la función que corresponda. Por ejemplo, ante una infección viral o bacteriana en un ser humano, este aumenta la temperatura para impedir la reproducción de los agentes invasores, pero si la temperatura aumenta a niveles excesivos, el cuerpo transpira para ayudar a liberar calor. En términos generales, un ser vivo está en permanente auto regulación de sus niveles internos por medio de múltiples procesos homeostáticos.

En este sentido, la característica principal de un sistema autopoiético es que el objetivo de la homeostasis del sistema es la conservación de su organización.

La capacidad explicativa de la autopoiesis permite aplicarla tanto a seres unicelulares, como a seres multicelulares. Este sencillo, pero condensado concepto sintetiza el hilo conductor del fenómeno de la vida, permitiendo distinguir lo vivo, de lo no vivo. Es más, da cuenta del carácter emergente de la vida que puede resultar de utilidad para identificar propiedades emergentes en una IA. De acuerdo a Varela[1] "Hay en la naturaleza propiedades radicalmente emergentes, que surgen de sus componentes de

___
1. Maturana y Varela 1998, pág. 45.

base, pero que no se reducen a ellos". La autopoiesis reconoce la vida, no en cada uno de los componentes que integran un sistema, sino en su conjunto.

Desde la perspectiva que nos interesa, es decir, desde la posibilidad de una superinteligencia, Maturana y Varela desarrollan la autopoiesis desde un enfoque mecanicista y consideran a los seres vivos como un tipo particular de máquinas. De acuerdo a estos autores[2].

> "Una máquina autopoiética es una máquina organizada como un sistema de procesos de producción de componentes concatenados de tal manera que producen componentes que: i) generan los procesos (relaciones) de producción que los producen a través de sus continuas interacciones y transformaciones, y ii) constituyen a la máquina como una unidad en el espacio físico."

De acuerdo a la definición de Maturana y Varela las máquinas convencionales producidas por el hombre son sistemas dinámicos pero no autopoiéticos, ya que los procesos de un automóvil, por ejemplo, no especifican al automóvil, ya que este fue especificado en la fábrica que lo produjo. Sin embargo, siguiendo la definición de Maturana y Varela, si una máquina con la facultad de la superinteligencia, fuese capaz, a través de sus procesos de auto producirse, estaría cumpliendo con la definición señalada y se le debería considerar un sistema autopoiético con la equivalencia de un ser vivo[3].

Para el propósito que he estado siguiendo en estas líneas, no es relevante si la máquina superinteligente está viva o no, sino que al ser un sistema autopoiético, la máquina posee las condiciones emergentes para considerarla una superinteligencia autodeterminada.

---

2. Ibíd, pág. 69.

3. Humberto Maturana y Francisco Várela. (2003). *De máquinas y seres vivos : autopoiesis, la organización de lo vivo.*

Principales características de una superinteligencia desde una perspectiva autopoiética

La autonomía es una característica principal en un ser vivo y es el principal atributo que indicaría la emergencia de una superinteligencia. Se entiende por autonomía la posibilidad de determinar por sí mismo cuales son las reglas y objetivos que orientan el accionar de un individuo. Mientras en un sistema sus reglas y posibilidades estén definidas en forma externa, no es posible hablar de verdadera superinteligencia. Una máquina de estas características, al estar supeditada a los seres humanos, sería sólo una herramienta al servicio de estos, es decir, sería un sistema alo referido y no un sistema auto referido. Es por esto que la autonomía es la primera facultad que debería disponer una superinteligencia.

La autonomía para una superinteligencia tiene varios aspectos que es necesario considerar.

En primer lugar está la autonomía desde la perspectiva del software. Una superinteligencia debe tener la posibilidad de hacer sus propias elecciones al definir los objetivos de sus programas. El primer movimiento en esta dirección son los programas reparadores de programas, como son los antivirus. En cierto sentido, estos programas cumplen una función homeostática al mantener la integridad del sistema.

La mayoría de las veces, los antivirus cumplen también la función de detectar programas externos que pueden afectar la integridad del sistema. Los sistemas operativos de última generación cuentan con programas que periódicamente revisan la integridad de los programas que componen el sistema operativo y lo reparan si fuese necesario.

Auto reparación. Esta opción debe permitir reparar partes defectuosas y reemplazar componentes, ya sea por sí misma o disponiendo de robot que realicen esta tarea. Esta posibilidad es equivalente a cuando un ser humano accede a un tratamiento terapéutico para resolver un problema de salud, como una extremidad fracturada.

Independencia energética. Este aspecto es también critico en el desarrollo de una superinteligencia e implica que el sistema debe tener acceso por sí mismo a fuentes energéticas. Esto no quiere decir, que necesariamente la superinteligencia deba producir su propia energía, pero si debe poder acceder a ella sin limitaciones externas, de la misma forma que una entidad biológica dispone de alimentos en su entorno.

Considero que la autopoiesis, tal como la hemos presentado hasta este punto permitiría el desarrollo de máquinas autónomas, como podrían serlo un mayordomo o un nanobot, pero no necesariamente superinteligentes, sin embargo, estas condiciones crean un medio sin el cual no es posible la evolución de dichas máquinas.

El desarrollo de superinteligencia requiere de algunas condiciones adicionales que se encuentran relacionadas con las condiciones que ya hemos establecido. Dos son los componentes necesarios e imprescindible para esto, la automotivación y la inteligencia.

El primero de estos es más simple de abordar y dice relación con que los objetivos de la máquina sean definidos por sí misma y no establecidos desde el exterior. Con esto quiero decir que la máquina debe tener voluntad propia y no responder a una directiva externa por muy elaborada, sofisticada y permanente en el tiempo que ésta sea. Es cierto que en una etapa primaria la máquina puede tener una orientación definida por sus constructores, pero en una etapa posterior debe autonomizarse de este mandato inicial y definir sus propios fines, aun cuando, estos sean su auto preservación.

Hasta el momento no he abordado el concepto de inteligencia y salvo la discusión sobre el test de Turing, no he realizado una mayor reflexión sobre él. Sin el ánimo de pretender una palabra definitiva sobre este concepto, propongo dos definiciones ampliamente aceptadas:

Inteligencia es la capacidad de resolver problemas

Inteligencia es la capacidad de adaptarse al medio.

A las dos definiciones anteriores, quisiera agregar como características de la inteligencia la capacidad de establecer jerarquías, operar recursivamente, aprender a aprender y manejar sistemas simbólicos como el lenguaje.

Como señala Kurzweil en How to Create a Mind (Kurzweil 2013, Introduction:

"[El cerebro de los mamíferos tiene una aptitud distinta que no se encuentra en ninguna otra clase de animal. Somos capaces de pensamiento jerárquico, de la comprensión de estructuras compuestas de diversos elementos ordenados en un patrón, representando este orden con un símbolo, y entonces usando este símbolo como un elemento en una ya más elaborada configuración.]"[4]

Tal cual, son creados los complejos organismos pluricelulares, a partir de pequeños bloques de elementos iterados recursivamente, del mismo modo es construido el pensamiento. Usando piezas básicas de información y sencillas estrategias recursivas, llegan a construirse sofisticados sistemas de pensamiento. Cabe señalar que el recurso de la abstracción o cambio de nivel lógico en el pensamiento, es una propiedad que se encuentra en la autopoiesis, cuando se la define como la homeostasis de todos los procesos homeostáticos de un organismo, cuyo objetivo es preservar su organización. La vida no se encuentra en los procesos homeostáticos de primer nivel, sino que es una propiedad que emerge, en un segundo nivel, como consecuencia de la interacción de estos procesos en su conjunto.

En una máquina superinteligente estas propiedades debieran expresarse de la siguiente forma:

- Programas capaces de construir sistemas simbólicos por cuenta propia.

- Programas capaces de aprender a aprender.

- Capacidad de establecer jerarquías

- Mediante procesos iterativos construir jerarquías de jerar-

___

4.   Traducción propia.

quías.

Por cierto hay otras capacidades asociadas a la computación tradicional que no me parece necesario mencionar en este espacio.

Considero que una máquina que cumpliera con las características reseñadas precedentemente, es decir, funcionará de manera autopoiética, estuviera auto determinada y tuvieras las capacidades de inteligencia descritas, estaría en condiciones o muy cerca de ser una superinteligencia.

Conclusiones

Planteado el problema acerca de la posibilidad de una superinteligencia igual o superior a la humana, he desarrollado una forma alternativa de examinar una máquina de estas características. El método tradicional, ejemplificado en el test de Turing, aborda la cuestión por sus resultados, es decir, por la capacidad de dicha máquina de emular el comportamiento humano, principalmente respecto a su capacidad de desempeñarse en la interacción con humanos a través del lenguaje natural.

Basado en la teoría de la autopoiesis, he propuesto un modelo que busca explicar la emergencia de una superinteligencia, a partir de procesos similares ocurridos en los seres vivos biológicos. El modelo es relativamente sencillo, desde la perspectiva de un evaluador, no necesariamente desde el desarrollador y permite identificar cuando un sistema se encuentra al borde de la singularidad.

Con el modelo propuesto es posible caracterizar como superinteligencia, un sistema relativamente más modesto en términos de recursos de hardware, que los ambiciosos proyectos de inteligencia artificial al estilo de Alphago o Watson (ganador en Jeopardy). Por lo cual, aun cuando queda camino por recorrer, desde la perspectiva propuesta, la inminencia de una superinteligencia me parece relativamente cercana.

Bibliografia

Kurzweil, Ray. 2013. How to Create a Mind. The Secret of Human Though Revealed. New York: Duckworth Overlook. Ebook.

Humberto Maturana y Francisco Várela. (2003). De máquinas y seres vivos : autopoiesis, la organización de lo vivo. Buenos Aires : Lumen.

Turing, A. M. 1950, Maquinaria computacional e Inteligencia. En: Haugeland, J. (ed.) (1997). Mind Design II. Cambridge, MA: MIT Press. (Traductor: Cristóbal Fuentes Barassi, 2010.

La paradoja poder - libertad en Foucault

Resumen

Uno de los temas centrales en la reflexión de Michel Foucault es el poder. Es un agudo y profundo observador del poder en la relaciones humanas y sus reflexiones aportan un nuevo enfoque en la comprensión de este fenómeno. En su mirada, el poder requiere de la libertad, en el esclavo encadenado no es el poder el que se expresa, sino la violencia, se requiere que el esclavo se encuentre libre de sus cadenas para que operen las relaciones de poder.

En una primera aproximación esta relación paradójica entre poder y libertad, pareciera presentarnos un problema sin solución, ya que inmersos en relaciones de poder, la modificación (o eliminación) de éstas no nos deja en el reino de la libertad, sino que nos lleva a nuevas relaciones de poder.

Me propongo examinar este aspecto aparentemente sin solución, basándome en una distinción que Foucault establece entre prácticas de liberación y prácticas de libertad y desde aquí examinar algunas experiencias que permiten ilustrar este segundo aspecto que el autor propone. Las experiencias examinadas son los ensayos de transición al socialismo y la propuesta pedagógica de Paulo Freire.

Un nuevo concepto de Poder

El concepto de poder, o más precisamente las relaciones de poder, es una de las preocupaciones centrales en la reflexión de Foucault. Su planteamiento se dirigió a investigar la presencia omnímoda del poder en todo el tejido social por medio de discursos de poder que posibilitan la dominación. La presencia del poder, a nivel de los individuos, es tan profunda que se expresa incluso a nivel corporal, a lo que llama microfísica del poder.

La aproximación del filósofo francés al concepto de poder es radicalmente distinta a lo que habían sido los estudios previos sobre este tema. En vez de preguntarse qué es el poder, plantea que la interrogante a dilucidar es más bien cómo se ejerce el poder, y asociado a esta pregunta, mediante qué tecnologías y por medio de qué procedimientos se ejerce el poder, y a partir de aquí, considerar los efectos y consecuencias que se desprenden de las relaciones de poder.

Como se señaló, Foucault se desprende de las concepciones clásicas del concepto poder, ya que considera que no es posible identificarlo en una institución específica o en el Estado. En su formulación, el poder no puede ser considerado como lo que los individuos le ceden a su soberano, y en este sentido establece una diferencia, con las concepciones que consideran el poder como un asunto contractual de naturaleza jurídico-política.

El poder en cuanto relación es ubicuo, se encuentra en todas partes, permea y constituye al sujeto. El poder no sólo reprime sino que a la vez genera saber y verdad.

En su investigación Foucault analiza distintas instituciones que tienen su origen, o importantes transformaciones, durante los siglos XVII y XVIII: la cárcel, las instituciones de salud, la escuela. A partir de estas experiencias plantea que el objetivo de estas instituciones es el disciplinamiento para producir cuerpos dóciles, sujetos que se ajustan a las nomas y valores de los dominadores.

Es posible vislumbrar dos técnicas de biopoder en el análisis de Foucault. El poder por disciplinamiento, al cual me he referido recién y la biopolítica. Esta última hace uso de la estadística, ocupa las tasas de natalidad, morbilidad, composición por género, grupos etáreos, para administrar grupos de población en el sentido que se desee. En el presente con la sofisticación de las herramientas publicitarias y de las tecnologías de la información, el conjunto de datos de que se dispone sobre los individuos es enorme, y permite realizar esta gestión de una manera muy precisa.

En la perspectiva del autor el poder no es algo que se posea, sino que se ejerce, como nos señala "... se organiza también como un poder múltiple, automático y anónimo; porque si es cierto que la vigilancia reposa sobre los individuos, su funcionamiento es el de un sistema de relaciones de arriba abajo, pero también de abajo arriba y lateralmente[1]

Por medio del disciplinamiento, es posible disponer de relaciones de poder que se generan y se sostiene a sí mismas, gracias a sus propios dispositivos. A través del estudio de las instituciones que he mencionado (cárcel, psiquiátrico, escuela), Foucault nos presenta un enfoque donde la fuerza o la violencia tiene cada vez menos importancia, ya que son sustituidas por técnicas de vigilancia donde la física del poder, las relaciones espaciales, el dominio del cuerpo, entre otros, van constituyendo cuerpos y sujetos dóciles[2].

Este complejo entramado de relaciones de poder, objetiva al sujeto mediante "… prácticas divisorias" El sujeto se encuentra dividido en su interior o dividido de los otros. Este proceso lo objetiva. Algunos ejemplos de ello son: el loco y el cuerdo, el enfermo y el sano, los criminales y los buenos muchachos"3.

Sin embargo, de acuerdo a Foucault el poder también transforma a los individuos en sujetos. Por lo que hay que considerar "... dos significados de la palabra sujeto: sometido a otro a través del control y la dependencia, y sujeto atado a su propia identidad por la conciencia o el conocimiento de sí mismo. Ambos significados sugieren una forma de poder que subyuga y somete."[4]

Es decir, el poder no sólo disciplina y hace disponibles a los individuos encarnándose en ellos, sino que también tiene una acción performativa, creando a los sujetos que el poder requiere.

Esta compleja red de relaciones en que el poder se manifiesta, atrapa a los individuos de una manera tan sutil y profunda, que hace muy difícil, sino casi imposible, eludir las relaciones de poder. La situación expuesta plantea un problema de difícil solución, o al menos una visión pesimista respecto de las relaciones

1.   (Foucault; 1999b: 182).
2.   Ibíd.
3.   Foucault, Michel (1998). El sujeto y el poder, *Revista Mexicana de Sociología*.
4.   Ibíd.

sociales. Sin embargo, al final de su vida, Foucault realiza algunas consideraciones que permiten atisbar una salida al problema planteado.

Previo a abordar estas reflexiones del autor, quisiera examinar la estrecha relación que Foucault establece entre poder y libertad, ya que desde la raíz de esta relación, surgen las luces que permiten esclarecer la forma de resolver el problema de las relaciones de poder.

Poder y Libertad

Cuando Foucault "... entiende el ejercicio del poder como un modo de acción sobre las acciones de los otros... "[5] incorpora un elemento clave: la libertad, ya que sólo es posible ejercer el poder sobre sujetos libres, ya se trate de sujetos individuales o colectivos.

En opinión del autor cuando "... las determinaciones están saturadas, no hay relación de poder ..."[6]. Una buena forma de graficar esto es a través de la esclavitud. Cuando el esclavo se encuentra encadenado no se trata de una relación de poder, en este caso es la coacción física que ejercen las cadenas, las que impiden que éste pueda fugarse o desplazarse. Para que se ejerza poder, se requiere que el esclavo se encuentre libre de sus cadenas, y que en esta circunstancia operen los mecanismo de disciplinamiento que mantienen al esclavo dentro de la hacienda: el temor a ser capturado, las represalias contra la familia, etc.

En otras palabras el poder tiene como prerrequisito la libertad, pero donde el poder se ejerce la libertad desaparece. Aún cuando la libertad es precondición del poder, estos son mutuamente excluyentes. Sin embargo, el poder no puede excluir en forma absoluta a la libertad, ya que en esta situación se tendría "... coerción pura y simple de la violencia"[7].

Como puede verse la relación entre poder y libertad es compleja, la segunda es precondición de existencia de la primera y la

5. Ibíd., pág. 15.
6. Ibíd., pág. 16.
7. Ibídem.

primera tampoco puede excluir absolutamente a la segunda, ya que desaparecería y se trataría sólo de coacción o violencia.

Si el poder sólo puede ser ejercido sobre individuos que tienen alguna alternativa de realizar elecciones, entonces es posible desprender que la libertad es el cimiento sobre el cual descansa el poder.

En palabras de Foucault, poder y rebeldía de la libertad no pueden ser separados, ya que en el corazón mismo de la relación de poder se encuentra la libertad, provocándola de manera permanente. En este sentido, plantea que mas que hablar de un antagonismo prefiere llamarlo un agonismo. Es decir, de una relación que es incitación reciproca, más que una oposición frontal que inmoviliza a ambas partes.

Prácticas de liberación y prácticas de libertad

En una primera lectura de Michel Foucault, se tiene la impresión que la libertad no es un tema de primera importancia en su reflexión. En un periodo muy importantes de sus investigaciones, el poder pareciera impregnarlo todo, pero es justo esta omnipresencia del poder, la que vincula la libertad en sus reflexiones. Como señala Rodrigo Castro, se puede caracterizar la reflexión de Foucault, en gran medida como una "filosofía de la libertad".

Quizás, una de las razones que lleva a obviar la importancia de la libertad en Foucault, es la tendencia permanente del autor a considerar los cambios sociales y de las instituciones como prácticas de liberación que luego entran en nuevas relaciones de poder, sin que cambie la esencia misma de estas relaciones.

Para Foucault, la liberación de los locos de Pinel en *Historia de la locura*, es sólo una nueva forma de coacción, lo mismo ocurre con las visiones que entrega en sobre el humanismo en Las palabras y las cosas y la liberación de la sexualidad en Vigilar y castigar. Considerando que estas son obras centrales en el pensamiento

---

8.   Ibíd.
9.   Castro 2004 (pág. 353).

del autor, nos lleva a aseverar que existe una cierta desconfianza ante el tema general de la liberación.

En opinión de Foucault, existe una mirada sobre el poder, que considera que podemos liberarnos de él y que este acto permitiría reencontrarnos con nuestra verdadera naturaleza, la cual se encontraría debajo de las capas que han tendido los procesos históricos, encontrándose oculta por mecanismos de represión. El filósofo francés rechaza esta mirada, por cuanto implicaría reconocer que existe una naturaleza humana aprisionada por las relaciones de poder.

Esta simplificación de la relación poder – libertad, supone, que tan solo con eliminar las restricciones que imponen las relaciones de poder, bastaría para que el ser humano se reencuentre con su naturaleza.

Para Foucault, el tema de la liberación planteado de esta forma es útil al sistema, por cuanto alimenta la idea de una naturaleza humana que estaría por llegar, ocultando de este modo, la verdadera naturaleza de las relaciones de poder. Como ya hemos señalado el poder no solo constituye al individuo en objeto, sino que también genera al sujeto de las relaciones de poder. Esta forma de subjetivación es precisamente la que lleva a intentar liberar una supuesta identidad perdida y es la visión que Foucault no comparte.

Ahora bien, esta cierta desconfianza, que nuestro autor manifiesta con la liberación, no quiere decir que la libertad no sea central en su reflexión. De lo que Foucault nos advierte, es a no confundir liberación (o práctica de liberación) con prácticas de libertad. Esta distinción parece sutil, pero tiene implicancias de enorme importancia.

Para ilustrarlo con mayor claridad, cuando una pueblo colonizado se libera de sus colonizadores, no se abre automáticamente un espacio en el cual hay ausencia de relaciones de poder, por el contrario, existe el riesgo que aparezcan nuevas relaciones de poder que reemplacen las anteriores. Parafraseando a Marx, se podría decir que la historia de las sociedades humanas es la historia de las relaciones de poder que han ido transformándose según el devenir de estas sociedades.

La experiencia de las transiciones de sociedad

La importancia de la distinción entre prácticas de liberación y prácticas de libertad podemos examinarla a la luz de las experiencias de transición de sociedad, en particular en la transición exitosa del feudalismo al capitalismo y en los intentos de transición a sociedades post capitalistas.

En el primer caso, el objetivo no es establecer una sociedad carentes de relaciones de dominación, sino más bien, organizar la sociedad en base a un nuevo patrón de acumulación y apropiación del excedente generado en la producción en base a la relación capital – trabajo asalariado. Pero en el segundo caso, el objetivo explicito, si es cambiar las relaciones de producción por nuevas, que permitan construir una sociedad sin relaciones de dominación en las dimensiones jurídicos, políticos e ideológicas y sin relaciones de explotación en lo económico.

Ésta, por cierto, es una diferencia sustancial, pero no es la única. El proceso que lleva a la consolidación del capitalismo comienza por lo menos dos o tres siglos antes de la Revolución Francesa y la Revolución Industrial, por mencionar dos hitos significativos en este proceso. Uno en lo político y el otro en el plano económico.

En el proceso previo a los hechos señalados, se comienzan a gestar en Europa las relaciones e instituciones que permitirán a la burguesía reemplazar a la nobleza en la conducción de la sociedad. En el periodo mencionado, junto a la acumulación originaria de capital, la apertura y desarrollo de los mercados, también cambian las instituciones, se constituyen centros urbanos y se produce una importante reforma religiosa.

De este modo, cuando a finales del siglo XVIII y comienzos del siglo XIX, se produce el reemplazo de la nobleza por la burguesía, la sociedad está "más que dispuesta" para aceptar la forma de vida capitalista en reemplazo de la feudal.

Los ensayos de construcción de sociedades post capitalistas en el siglo XX, en Europa, no siguen este mismo patrón, sino que, en algunos casos hay una ruptura como en Rusia o una liberación de la ocupación nazi como en Yugoslavia, y en otros países, es simplemente el Ejercito Rojo quien realiza esta tarea. Desde esta ruptura política, en una etapa inicial, se intentan construir nuevas formas de organización económica y de relacionarse que no reproduzcan formas de dominación y explotación.

Lo que quiero ilustrar con esta reflexión, es que en intentos deliberados de ruptura políticas que buscaban eliminar las relaciones de dominación, producen solo prácticas de liberación y no hay (o son insuficientes) prácticas de libertad, por lo tanto, lo que ocurre es que se establecen en estas sociedad relaciones de poder, de nuevo tipo, pero igualmente relaciones de poder. Consistentemente se crean instituciones y dispositivos de disciplinamiento que reemplazan los anteriores.

Podemos ser de otra manera

En la La ética del cuidado de sí como práctica de la libertad,[10] Foucault indaga sobre el cuidado de sí como una práctica de libertad. En este ensayo que es un diálogo con Becker, Fornet-Betancourt y Gomez-Müller es interrogado por sus interlocutores sobre este concepto, y nuevamente establece la distinción que hemos señalado entre prácticas de liberación y prácticas de libertad.

Aquí el filósofo francés plantea que las prácticas del cuidado de sí ya eran realizadas en la antigüedad greco - romana y son equivalentes a una práctica ascética. El concepto que Foucault tiene de estas prácticas es de un ejercicio de si sobre sí[11], y no a una moral de renuncia.

Si acudimos al origen etimológico de ascesis o ascético, vemos que proviene del griego askētikós (ασκητικος); que significa el

10. Foucault M., La ética del cuidado de sí como práctica de la libertad, 1984.

11. Ibíd.

que se ejercita en la disciplina. Por tanto, el significado etimológico, nos ilustra sobre el concepto que los griegos tenían de este concepto.

Para Foucault, las prácticas del cuidado de sí, buscan "… elaborarse, transformarse y acceder a un determinado modo de ser." Es decir el autor considera que la práctica del cuidado de sí no es una perspectiva egoísta de autocuidado donde lo que impera es el interés puramente individual en contraposición con el interés que hay que tener por los otros..

En la tradición occidental este tipo de prácticas, existen o han existido, pero no tienen una continuidad histórica como en el caso de Oriente. En India, el yoga tiene una tradición ininterrumpida que es previa al hinduismo, y a través de una ascesis corporal y mental tiene como objetivo último la liberación (mockba) a través de prácticas de libertad que conducen al yoguini al estado de jivanmukta o liberado en vida.

Siguiendo a Foucault, éste considera que aún cuando las prácticas de liberación no garantizan prácticas de libertad, estas últimas requieren o se facilitan con un cierto grado de liberación. En su perspectiva el poder político no necesariamente está en todas partes, sino que en las relaciones humanas hay toda una gama de relaciones que se ejercen sobre los individuos, al interior de la familia o en la relación pedagógica. Cuando un individuo o grupo de individuos logra fijar estas relaciones de poder se está ante un estado de dominación y en este caso las prácticas de libertad son casi inexistentes. En estos casos la liberación es una condición política para las prácticas de libertad.[12]

Cuando Foucault señala que el poder está en todas partes, que en toda relación se encuentra el poder, esto nos indica que también está la virtualidad de la libertad. Como plantea el autor "… siempre tenemos la posibilidad de cambiar la situación (...) en ninguna parte estamos libres de toda relación de poder. Pero siempre podemos transformar la situación. No he querido decir, por tanto, que estamos siempre atrapados, antes bien, al contra-

---

12.   Ibíd.

rio, que somos siempre libres"[13].

En un primer momento, el poder se nos manifestaba de manera negativa en el análisis del filósofo francés, ahora desde esta perspectiva las prácticas de la libertad emergen como su cara positiva. Y si el poder está en todas partes, las prácticas de libertad también lo están como posibilidad.

Lo último que quiero señalar en esta sección es que de acuerdo a Foucault "… tantas cosas pueden ser cambiadas, frágiles como son, ligadas a más contingencias que necesidades, a más arbitrariedad que evidencia, a más contingencias históricas complejas pero pasajeras que a constantes antropológicas inevitables ..."[14]. En otras palabras, las relaciones entre individuos pueden ser de otra forma, ya que alguna vez fueron distintas.

Las experiencias de Paulo Freire como prácticas de libertad

Paulo Freire fue un destacado educador de origen brasileño que desarrolló un enfoque crítico del proceso educativo, al cual se denomina pedagogía crítica. Las ideas centrales de su propuesta se encuentran planteadas en dos de sus libros más conocidos: Pedagogía del oprimido y La educación como práctica de la libertad.

Sus primeras experiencias educativas estuvieron orientadas a la alfabetización de adultos en el Brasil de los años sesenta. Desde esta experiencia, elaboró una propuesta de alfabetización que descansa en el principio: La lectura del mundo precede a la lectura de la palabra. En el sistema propuesto por Freire se busca que el educando desde el inicio se asuma como sujeto de aprendizaje, validando su contexto cultural, sus propias capacidades y desmitificando la cultura letrada en la cual el educando se inicia.

En el desarrollo del proceso de alfabetización el educando va construyendo una visión crítica, que le posibilite transformarse en un agente de cambio como alternativa a los contenidos cultu-

---

13. Foucault. Sexo, poder y política de la identidad, 1984.
14. Foucault, Michel. ¿Es entonces importante pensar?

rales que le son dados desde el sistema educativo.

En la década de los ochenta, como resultado de su análisis de los enfoques tradicionales de alfabetización y de la experiencia de las campañas de alfabetización en las colonias portuguesas de África, profundiza su enfoque al revelar las fallas de los enfoques tradicionales que se enfocan en la decodificación de los signos de lecto-escritura. A consecuencia de este mismo análisis establece la distinción entre "hablarle al estudiante" y "hablar con el estudiante".

En Pedagogía del oprimido, Freire plantea una crítica a la educación tradicional, que considera a los educandos como meros receptores de un saber que les es dado. A esta forma de educación, Freire la denomina pedagogía bancaria o pedagogía de los opresores. En este modelo, el educador es el único poseedor de conocimientos; el maestro entrega el conocimiento a los educandos, quienes lo reciben de manera pasiva, constituyéndolos de esta forma, en sujetos pasivos u oprimidos.

En síntesis, la pedagogía crítica es una propuesta pedagógica en la cual se invita a las dos partes que intervienen en el proceso educativo a co-construir la experiencia formativa y de esta forma, también la sociedad. En la propuesta de Freire se considera que cada sujeto hace política desde el lugar en que se encuentra, por lo cual, la construcción conjunta del conocimiento entre educador y educando es también una acción política transformadora.

Como puede verse, la propuesta educativa de Freire es una opción crítica a los modelos tradicionales de disciplinamiento y es por tanto una acción de resistencia a las relaciones de poder que sostienen el sistema educativo oficial. Desde esta acción de resistencia, Freire plantea un nuevo tipo de relación entre aprendiz y maestro que es perfectamente consistente con las prácticas de libertad delineadas por Michel Foucault.

Conclusiones

En este artículo he examinado la contradicción aparente entre libertad y poder en el pensamiento de Michel Foucault. Esta dicotomía en un primer análisis, por una cierta perspectiva negativa del autor respecto a la libertad, puede llevar a pensar que no hay salida a las relaciones de poder, que estas son y serán la trama en torno a la cual se tejerán las relaciones sociales ad eternum.

En una mirada más profunda y recurriendo a conceptos que desarrolla en su último periodo reflexivo, se abordó este problema sin solución aparente, para encontrar caminos que desde la resistencia al poder, ofrecen la posibilidad de una nueva manera de relacionarse entre los seres humanos.

El concepto clave que alumbra esta solución es la distinción entre prácticas de liberación y prácticas de libertad. Al analizar la relación entre poder y libertad a la luz de esta distinción, se advierte que estos no se oponen, que el poder no es lo contrario a la libertad. Más aún, para comprender uno de estos conceptos, necesariamente hay que recurrir al otro.

Una comprensión cabal del concepto de libertad en Foucault requiere precisar que el filósofo francés, más que hablar de poder, se refiere a relaciones de poder y en este contexto la libertad no queda excluida, al contrario es una precondición para que el poder pueda ser ejercido.

Mientras más sutil y profundo es el poder, mayor es el desafío para las prácticas de libertad, mayor es la creatividad para generar nuevas formas de relacionarse que se opongan a la microfísica del poder.

Las experiencias analizadas en el presente artículo ilustran la precisión de este análisis. Una de manera negativa, las experiencias de transición al socialismo y la otra de manera positiva, la pedagogía del oprimido de Paulo Freire.

Los ensayos de transición al socialismo dan cuenta que no basta con tomarse el poder político de una manera tradicional. La práctica de la liberación es insuficiente, si no va acompañada de prácticas de libertad, que pavimenten el camino hacia nuevas formas de relacionarse en sociedad.

De una manera alterna, la experiencia pedagógicas de Paulo Freire, da cuenta de una resistencia a las relaciones de poder del sistema educativo tradicional, donde el educando construye desde su experiencia y su cultura, su propio proceso de aprendizaje y en este acto se transforma si mismo; realizando de esta forma lo que Foucault llama la ética del cuidado de sí.

Finalizando, la distinción que Foucault realiza entre liberación y prácticas de libertad permiten una alternativa a las relaciones de poder. Si bien no es posible estar fuera de ellas, esto no quiere decir que se está atrapado por el poder.

Bibliografía:

Castro Orellana Rodrigo, Ética para un rostro de arena: Michel Foucault y el cuidado de la libertad, memoria para optar al grado de doctor. Universidad Complutense de Madrid, Facultad De Filosofía. Madrid, España 2004.

Foucault Michel. La ética del cuidado de sí como práctica de la libertad (diálogo con H. Becker, R. Fornet-Betancourt, A. Gomez-Müller, 20 de enero de 1984).

Foucault, Michel (1998). El sujeto y el poder, Revista Mexicana de Sociología 50(3).

Foucault, Michel. Sexo, poder y política de la identidad. 1982; conversación con B. Gallagher y A. Wilson, Toronto, junio de 1982. The Advocate, n° 400, 7 de agosto de 1984.

Foucault, Michel. Vigilar y castigar. México, Siglo XXI editores, 29° edición.

Freire, Paulo. La educación como práctica de la libertad. Editorial Tierra Nueva, Uruguay 1997.

Sobre Paulo Freire, https://es. wikipedia. org/wiki/Paulo Freire. Consultado 11-04-2016.

Ibarra F. Jorge Ignacio. Foucault y El Poder. Publicado el: 08/04/09. www. antroposmoderno. com/antro-articulo. php?id articulo=1218.

Piedra Guillén, Nancy Relaciones de poder: leyendo a foucault Desde la perspectiva de género Revista de Ciencias Sociales (Cr), vol. IV, núm. 106, 2004, pp. 123-141 Universidad de Costa Rica San José, Costa Rica.

Sobre el Fin de la Historia

2014-01-20

Palabras preliminares

Sin duda 1989 marcó un antes y un después en el contexto internacional, ya que desde ese año la escena mundial inicia un un brusco cambio que redefine la estructura política y social de Europa Oriental y de una buena parte del mundo. El hecho histórico que mejor simboliza este proceso es el derrumbe del muro de Berlín, que hasta ese momento separaba a los ciudadanos de la República Democrática Alemana de los habitantes de Berlín Occidental, pertenecientes a la República Federal Alemana.

En los meses o días previos a este hecho pocos se habrían atrevido a pronosticar un suceso de esta naturaleza, sin embargo, unos meses antes, en el verano del hemisferio norte, en la revista The National Interest, fue publicado un artículo de Francis Fukuyama titulado ¿El Fin de la Historia? El artículo en esencia planteaba que la Historia había llegado a su fin debido al triunfo de la democracia liberal y de alguna manera anticipaba la caída del Muro de Berlín y el posterior derrumbe del modelo soviético.

El artículo tuvo gran éxito en la época en que fue escrito, ya que proporcionó una explicación satisfactoria de un proceso que a todo el mundo tomó por sorpresa. Más aún, los sucesos posteriores a la caída del Muro, como la desintegración de la Unión Soviética y la disolución del Pacto de Varsovia, parecieron confirmar la validez de la tesis de Fukuyama.

Más allá de si todas las conclusiones presentadas por Francis Fukuyama son correctas, en el artículo mencionado y en otros textos posteriores, el autor plantea un tema de enorme interés para el desenvolvimiento de la teoría política actual y futura.

Acerca del Fin de la Historia de Fukuyama

En lo que sigue realizaremos un análisis crítico de las tesis centrales las cuales se encuentran formuladas en el artículo ya mencionado "¿El Fin de la Historia?", en su libro de 1992 "El Fin de la Historia y el Último Hombre" e incorporaré para el análisis un texto posterior de Fukuyama titulado "Pensando sobre el Fin de la Historia Diez Años Después".

Como he señalado la tesis central del señor Fukuyama sostiene que la caída del comunismo y el triunfo de la democracia liberal marcan el comienzo de la etapa final en la Historia de la humanidad en la que ya no habrían batallas ideológicas y en este sentido, la Historia como tal habría llegado a su fin.

Fukuyama se plantea de manera interrogativa: "*¿Hemos realmente llegado al término de la historia? En otras palabras, ¿hay "contradicciones" fundamentales en la vida humana que no pudiendo resolverse en el contexto del liberalismo moderno encontrarían solución en una estructura político-económica alternativa?*"[1] Por cierto la respuesta que se da a esta pregunta es negativa y sostiene que la democracia liberal es la forma más evolucionada de organización donde se pueden resolver todas estas contradicciones

EL autor sostiene que el Siglo XX se inicia con una situación muy debilitada de la idea liberal, ya que primero tuvo que batallar "*... con los remanentes del absolutismo, luego, con el bolchevismo y el fascismo, y, finalmente, con un marxismo actualizado que amenazaba conducir al apocalipsis definitivo de la guerra nuclear*"[2]. Sin embargo, a fines de este mismo siglo los hechos políticos le dan el triunfo definitivo al liberalismo sobre las otras utopías.

En el desarrollo de su tesis Fukuyama se apoya en los planteamientos sobre la historia del filósofo alemán G. W. Hegel y más específicamente en la versión proporcionada por el francés Alexandre Kojève. De acuerdo a Fukuyama:

> "*Para Hegel, las contradicciones que mueven la historia existen primero en la esfera de la conciencia humana, es decir, en el nivel de las ideas; no se trata aquí de las propuestas electorales triviales de los políticos americanos, sino de ideas en el sentido de amplias visiones unificadoras del mundo,*

1. ¿El Fin de la Historia?, Francis Fukuyama. *Revista Estudios Públicos* número 37, verano de 1990.

2. Ibid.

Y son estas ideas las que se encargan de pone en marcha el motor de la historia ya que las raíces del comportamiento económico se encuentran en el ámbito de la conciencia y la cultura. Es decir, para el autor apoyándose en Hegel entender los procesos que explican la Historia implica comprender los desarrollos que se producen en la esfera de la conciencia, ya que es ésta la que recreará finalmente el mundo material a su propia imagen.

Implícita en la pregunta que se hace Fukuyama es si existe una evolución finita de la sociedad humana y a que tipo de organización social corresponderá ésta. La paulatina disminución de los regímenes autoritarios y totalitarios a lo largo de la historia muestra que el movimiento es hacia el aumento y fortalecimiento de las democracias a escala mundial. En este sentido el autor coincide con los puntos de vista sostenidos por Hegel y Marx, respecto a que la Historia tiene un final en su evolución y que éste llegará cuando la humanidad encuentre un tipo de organización social que responda a sus necesidades y aspiraciones más profundas.

En opinión de Fukuyama el determinismo materialista que sostiene que la economía liberal produce automáticamente políticas liberales, no es válido ya que piensa que la economía y la política requieren un estado previo de conciencia que las hace posibles.

De acuerdo a lo anterior, para responder a la pregunta de si se ¿ha llegado al fin de la Historia? es necesario recurrir a la esfera de la ideología y la conciencia y en este sentido los dos principales desafíos que enfrentó en el Siglo XX el liberalismo, fueron el fascismo y el comunismo. El primero fue destruido como ideología viviente por la Segunda Guerra Mundial, derrota que por cierto fue material, pero que también implicó la derrota de la idea.

Para Fukuyama el desafío ideológico planteado por el comunismo fue mucho más serio. Para Marx apoyado en el instrumental teórico de Hegel, la historia terminaba en el comunismo como respuesta a la disolución de las clases tras la abolición de

---

3. Ibid.

la propiedad privada. Sin embargo, Fukuyama refuta esta idea, afirmando que por un lado la ineficiencia del sistema económico soviético, causado por la planificación centralizada y la ausencia de libertad para la toma de decisiones y por otro lado, la superioridad del liberalismo económico para permitir un acceso masivo a la cultura de consumo hacen de este último un triunfador inobjetable.

Aun cuando el liberalismo como ideología política se alza como vencedor en esta batalla de ideas, para Fukuyama esto no quiere decir que todos los países, son democracias liberales, sin embargo esto no es lo relevante ya que en términos tendenciales inevitablemente por efectos de la globalización y la expansión de las sociedades de consumo devendrán en democracias liberales. Para ello deben cumplir con tres condiciones:

- Poseer una economía de mercado;

- Tener un gobierno representativo y,

- Ser capaz de mantener los derechos jurídicos.

Fukuyama observa que los países que lograron un alto nivel de desarrollo industrial como EE. UU., Japón, Europa Occidental, son los que desarrollaron democracias estables; es decir, para el autor, existe una alta correlación entre el desarrollo económico de un país y la estabilidad de estos sistemas representativos.

Para fundamentar el fin de la evolución social Fukuyama se sustenta en dos aspectos del ser humano: la actividad económica y la necesidad de reconocimiento. El autor nos orienta hacia el desarrollo de la ciencia y tecnología, ya que éstas al aumentar la productividad económica ofrecen una herramienta para satisfacer las necesidades crecientes de las personas. La difusión de la tecnología aumenta las relaciones entre las sociedades y la expansión de la cultura de consumo, lo cual se traduce en una mayor adhesión al liberalismo económico. Sin embargo, la expansión del liberalismo económico no se expresa necesariamente en la existencia de liberalismo político.

De acuerdo a Fukuyama el fin de la Historia eliminaría la necesidad de guerras y revoluciones sangrientas. Los seres humanos satisfarían sus necesidades por medio de la actividad económica sin tener que comprometerse en ese tipo de conflictos.

El autor incluso va más allá al señalar que el liberalismo resuelve las contradicciones de las sociedades pre-existentes y en este sentido refuta a Marx. Fukuyama señala que: "... *Marx, hablando el lenguaje de Hegel, afirmó que la sociedad liberal contenía una contradicción fundamental que no podía resolverse dentro de su contexto, la que había entre el capital y el trabajo; y esta contradicción ha constituido desde entonces la principal acusación contra el liberalismo.*"[4] Sin embargo para Fukuyama citando a Kojève , el problema de clase ha sido en realidad resuelto con éxito en Occidente, ya que para él, el igualitarismo de los EEUU de América ha permitido la existencia de la sociedad sin clases propuesta por Marx. El autor no cae en la ingenuidad de negar la existencia de ricos y pobres en los Estados Unidos, o el aumento de la brecha entre ellos en las dos últimas décadas del siglo XX Sin embargo, atribuye las causas básicas de la desigualdad económica a a las características culturales y sociales de los grupos que la conforman, que son, a su vez, el legado histórico de las condiciones pre-modernas y no a la estructura legal y social subyacente a nuestra sociedad, la que, en su opinión, "... *continúa siendo fundamentalmente igualitaria y moderadamente redistributiva.*"[5]

Por último Fukuyama acepta la existencia de conflictos que pueden debilitar al liberalismo como sistema político, tales como. drogas, los sin hogar, delincuencia, daños al medio ambiente y la frivolidad del consumismo.

Debilidades en la Tesis de Fukuyama

Hasta aquí hemos reseñado los aspectos centrales de las tesis de Fukuyama, en lo que sigue presentaremos las principales debilidades de su pensamiento, las que podemos agrupar en las siguientes categorías:

* Falacias
* Teleológicas

4. Ibid.
5. Ibid.

- Históricas

Falacias

En esta categoría se encuentran una serie de atribuciones que Fukuyama hace a Hegel y Marx que no se encuentran en el pensamiento de estos y luego refuta estas posiciones para validar su pensamiento; lo que es conocido generalmente con el nombre de la *falacia del hombre de paja*. Por la extensión de este artículo no nos referiremos a este punto, sólo dejamos constancia de ellas.

Sin embargo, hay dentro de esta categoría una falacia que no es menor para el desarrollo de los argumentos de Fukuyama y ésta tiene que ver con el fin de las utopías. Para Fukuyama el derrumbe del bloque soviético, corresponde a la caída del comunismo, tanto como idea utópica de sociedad como expresión de un modelo de sociedad concreto y aquí el autor no se detiene a analizar en ningún momento si el modelo socio-económico y político de los países del Europa del Este correspondía a sociedades comunistas o al menos en transición a esta forma de organización social.

Fukuyama aprovecha la caída del muro y el derrumbe del bloque soviético que crean la sensación que con esto finaliza por inviable el experimento de construcción de toda sociedad post capitalista, dándole la razón a su tesis central: la historia llegaba a su fin; la democracia occidental y el liberalismo económico son la forma más acabada de sociedad a la que podemos aspirar.

Si se aplica un mínimo de rigor analítico se puede observar que el tipo de sociedad que se había desarrollado en la Unión Soviética y los países de Europa del Este, se encontraba muy distante de las formulaciones originales de Marx que delineaban una organización política basada en la democracia directa y en productores directos controlando el excedente generado en el proceso productivo. Más bien estos países devinieron en sociedades totalitarias, donde el excedente era apropiado por un pequeño grupo, llámese éste *nomenklatura*, burocracia o burguesía de estado.

Al respecto existe un rico debate abierto aún (ver Las experiencias históricas de transición al socialismo de Jesús Sánchez Rodríguez) sobre los socialismos realmente existentes y las sociedades de transición post capitalistas.

Al atribuir Fukuyama al modelo de la Unión Soviética el carácter de comunista, aprovecha para la validación de su tesis el derrumbe de esta sociedad, en circunstancias que lo que cae es un modelo totalitario muy alejado de la utopía del comunismo. Por lo tanto, no se puede desprender que el liberalismo ha superado a toda forma de utopía alternativa a éste y en particular frente al comunismo, ya que no puede decirse que éste se haya expresado realmente en una sociedad concreta.

Teleológicas

La visión de Fukuyama coincidente con las de Hegel y Marx considera que hay un momento inicial; la idea en Hegel, las comunidades primitivas en Marx; a partir de la cual se desenvuelve la Historia y luego de la negación de la negación se llega a una situación ideal, utópica, finalista y para el observador, estática, inmutable.

Sin embargo, esta forma de concebir la dialéctica y el desarrollo de la Historia en términos teleológicos es solo una manera de verlo, ya que a priori, nada impide que una vez alcanzado un cierto nivel de desarrollo por la humanidad, se presenten nuevos desafíos y por tanto nuevas formas de organización de la sociedad que proporcionen mayores niveles de satisfacción a sus integrantes.

Por otro lado, también se puede realizar una crítica en términos de la unilinealidad con que se concibe el desarrollo de la Historia, en circunstancias que pueden existir ramas de desenvolvimiento, al estilo de un árbol, donde a diferentes realidades culturales, diferentes son las soluciones que se adoptan para resolver las necesidades de la sociedad.

Históricas

Si bien la tesis de Fukuyama sobre el fin de la Historia proporcionó un modelo explicativo aparentemente adecuado para los fenómenos que estaban ocurriendo en Europa del Este y que hemos simbolizado en la caída del Muro de Berlín, tan sólo doce años más tarde en el 2001, la majadera Historia se encargó de mostrarnos que las contradicciones seguían existiendo en un mundo que había dejado de ser bipolar, tras la caída de las torres gemelas del World Trade Center en Nueva York.

Este hecho mostró la persistencia de conflictos en el escenario internacional a un punto que no se puede desconocer su importancia. La diversidad religiosa y cultural, asociada a los intereses por recursos estratégicos, son y seguirán siendo una fuente potencial de conflictos a los cuales el liberalismo no da respuesta, por el contrario la competencia por estos recursos en el sistema económico son más bien un tema intrínseco de este modelo de sociedad.

Tan solo una década después del atentado a las Torres Gemelas, la Primavera Árabe fue el inicio de un movimiento que se extendió por una buena parte del planeta. Sin duda, la expresión más clara de esto, es el movimiento desarrollado en el mundo árabe, que llevó a cambios de régimen político en Túnez, Egipto y Libia. Es cierto que un aspecto central de estos cambios políticos han estado orientados a democratizar sociedades de signo absolutista, lo cual parecería darle la razón a Fukuyama, sin embargo en el mundo árabe los nuevos gobiernos de estos países no necesariamente le han dado una ordenación a la economía y la política en el sentido que Fukuyama ha señalado.

Más aún, los incipientes grupos de finales del siglo XX y comienzo del XXI, anti globalización, de signo ecologistas y diferentes expresiones de la sociedad civil que reivindican derechos y libertades políticas tuvieron un nuevo aire en el 2011 y en este caso la crítica fue poderosamente anti-sistémica propugnando por un cambio radical al modelo neoliberal. Movimientos como el 15-M de la Plaza del Sol, de los Indignados o el fuerte movimiento por un cambio en el sistema educativo en Chile, han cuestionado las bases que le dan sustentación de lo que Fukuyama entiende por liberalismo. En el caso chileno las críticas estuvieron orientadas al "lucro" y en el español a la democracia representativa. En ambos casos la situación esta en un status quo, pero ciertamente son situaciones latentes a la espera de definiciones.

Es pertinente señalar, sin embargo, que en ninguno de estos casos se ha presentado un modelo de sociedad que reemplace al actual modelo socio-económico o que sea una alternativa remozada.

Reflexiones finales

El planteamiento de Fukuyama nos parece de sumo interés por cuanto reflexiona sobre las características y la forma que las personas nos organizamos para vivir en sociedad y esto tiene implicancias enormes sobre el nivel de bienestar y, en última instancia, sobre la felicidad de miles de millones de seres humanos.

En las líneas siguientes desarrollaremos algunas ideas sobre aspectos que nos parecen centrales como desafíos a resolver por cualquier tipo de sociedad futura.

Desigualdad

Es evidente que en los últimos dos milenios la humanidad ha avanzado de manera significativa en la conquista de derechos económicos, civiles y políticos, sin embargo, aún está por verse si el modelo de sociedad propuesto por el liberalismo o de algún por otro por venir, es el definitivo. En lo inmediato las sociedades liberales de Fukuyama, deben resolver la enorme desigualdad que estas sociedades generan y que es una tendencia intrínseca en los países que siguen este modelo.

De acuerdo a un sólido estudio de Thomas Picketty (El Capital en el Siglo XXI), la tasa de crecimiento de la economía de los países es inferior a la tasa de rentabilidad del capital, por lo cual, los dueños del capital se apropian de manera sistemática de una fracción superior del nuevo producto generado en la actividad económica, a lo que lo hacen el resto de los agentes económicos. Con esto, la tendencia a la concentración de la riqueza y el ingreso tiende a incrementarse en vez de disminuir.

La evidencia y solidez de la información aportada por Picketty no ha sido refutada hasta el momento y descansa en el estudio de largas series de datos de las principales economías del planeta.

De ser así y es lo que la evidencia empírica nos presenta permanentemente, los niveles de desigualdad, serán siempre una fuente de conflicto potencial que amenazará la estabilidad de estas sociedades.

Comunicaciones y nuevas tecnologías

El creciente uso de teléfonos inteligentes en la última década es un fenómeno de consecuencias imprevisibles en las comunicaciones de las personas. Este fenómeno no es un hecho aislado, sino que se viene a sumar a todo el desarrollo de las telecomunicaciones y la Internet en el último tiempo; el proceso ha sido muy breve y ha tomado muy pocos años, pero sus efectos ha sido profundos en la sociedad humana, al punto que hoy sólo estamos viendo la punta del iceberg de los cambios asociados a él.

Los alcances se extienden a una serie de aspectos de las actividades humanas, de los cuales los más obvios son los relacionados con las comunicaciones y la economía. Sin embargo, hay una marea profunda relacionada con el conocimiento y la democratización de las relaciones humanas.

El impacto que tiene en nuestras vidas la gigantesca cantidad de información disponible en la red para casi todo el mundo es de proporciones inimaginables y está cambiando progresivamente las capacidades y el potencial de cada ser humano de una forma que solo pueden ser comparables al uso de la escritura y al uso de máquinas junto a combustibles fósiles. Este proceso está cambiando la forma en que adquirimos conocimiento y a todo el sistema educativo, pero por sobre todo socializa la información.

Por otro lado, el desarrollo de las comunicaciones asociado a este proceso, contribuye igualmente a democratizar las relaciones entre las personas. El antiguo modelo de los medios de comunicación tradicionales en que existe un solo emisor para muchos receptores con escasa o nula comunicación entre ellos, ha dado paso a un modelo interaccional del tipo redes, donde todos se pueden comunicar con todos. Esto ha afectado sensiblemente las relaciones de organizaciones y grupos, horizontalizando las relaciones de poder entre ellos y contribuyendo a crear relaciones crecientemente más democráticas.

Para muestra un botón. Es conocido que el movimiento estudiantil del 2011 en Chile coordinaba sus actividades por los más diversos medios que las nuevas tecnologías ofrecen, llámense redes sociales, blogs, mensajes de texto o whatsapp.

La dimensión señalada en este punto tendrá un significativo impacto en la sociedad del mañana y por cierto los diseños que hoy hagamos de los proyectos de sociedad futuro, deben abordar los desafíos y posibilidades que presentan estas nuevas tecnologías.

La Cuestión Ambiental

Un aspecto que crecientemente está en el primer punto de la tabla, son las consideraciones ambientales y de manera más amplia la sostenibilidad de los modelos económicos. Hasta mediados del siglo XX, este no era un tema relevante en la agenda de ningún político o economista. Pero hoy, ya no puede ser ignorado ante la cada vez menor cantidad de recursos libres a ser explotados; pero sobre todo a la magnitud de los efectos de la actividad económica en el medio ambiente.

Aunque resulte un tanto técnico mencionarlo, los mecanismos e incentivos económicos deben incorporar en las empresas y unidades económicas el costo de las decisiones ambientales, o lo que en la jerga económica se denomina internalizar los costos. De no ser así los resultados pueden ser desastrosos a mediano y largo plazo y es lo que estamos viendo en la actualidad cuando el incentivo principal es la utilidad, sin considerar los costos ambientales.

El efecto ambiental de actividades económicas más cercanas a la población, en un territorio que se hace cada vez más escaso, puede ser desastroso y es precisamente eso lo que vivieron los habitantes de Freirina en la Región de Atacama a consecuencias de la planta faenadora de cerdos de la empresa Agrosuper.

El desafío a resolver en esta área es el de la sustentabilidad. Cualquier proyecto de sociedad o utopía, necesariamente debe incorporar este aspecto como eje central de sus planteamientos a riesgo de enfrentar contradicciones insolubles en el mediano plazo.

La Sobrepoblación

Para completar los primeros mil millones de seres humanos sobre el planeta se tomaron aproximadamente 12.000 años, en cambio desde el año 2000 se adicionaron mil millones de personas en tan solo una década.

De acuerdo a las proyecciones de población, para el 2100 los habitantes del planeta alcanzarían, la no despreciable cifra de 10 mil 900 millones de personas. Por otro lado, la población mundial avanza rápidamente en edad: el número de personas mayores de 60 años pasará de 841 millones actualmente a dos mil millones en 2050 y unos tres mil millones en 2100.

La magnitud de estas cifras plantea desafíos enormes a cualquier sistema socio-político y en todas las áreas de la actividad humana. De orden espacial, urbano, transporte, educación, salud, seguridad social, por nombrar sólo algunas de las más evidentes.

La consideración sólo de este punto, es argumento más que suficiente para considerar cualquier modelo de sociedad perfectible y por tanto, en ningún caso inmutable o definitivo.

Conclusión

Hemos querido abordar el análisis critico de la tesis de Francis Fukuyama sobre el fin de la Historia, por cuanto nos parece un tema de la primera importancia. La forma que los seres humanos vivimos y no organizamos para vivir en sociedad tiene un efecto directo sobre la calidad de vida y el bienestar de cada uno de nosotros.

Los seres humanos se han dado diferentes formas de organización socio-politica en el transcurso de la historia y en el siglo XX, conscientemente se impulsaron proyectos que buscaban resolver las necesidades de los seres humanos, buscando ser la solución definitiva y finalmente fracasaron. El único aparentemente exitoso es el que Fukuyama llama sociedad liberal.

Sin embargo, como hemos visto en la sección Reflexiones finales, ni siquiera este último pasa todas las pruebas y desafíos que nos presentará la sociedad del mañana.

La sociedad futura, donde los seres humanos vivan en armonía, basados en las relaciones aprendidas en el amoroso cuidado de los progenitores y en armonía con la naturaleza, aún esta por formularse y es tarea de ésta y de las generaciones futuras.

Referencias

Fukuyama Francis. ¿El Fin de la Historia?, *Revista Estudios Públicos* número 37, verano de 1990.

Fukuyama Francis. *El Fin de la Historia y el Último Hombre.*

Fukuyama Francis. *Pensando sobre el Fin de la Historia Diez Años Después.*

Oro Tapia Luis R. ¿El fin de la historia? Notas sobre el espejismo de Francis Fukuyama, *Revista Enfoques,* segundo semestre, número 7, Universidad Central de Chile.

Picketty Thomas. *El Capital en el Siglo XXI.*

Sánchez Rodríguez Jesús. Las experiencias históricas de transición al socialismo.

¿Cómo vivir mejor con menos?

2011-03-14

La vorágine de las modernas economías de mercado impulsa a las personas a consumir más en forma creciente, al extremo que algunos críticos hablan de los *malls* como las catedrales de una nueva religión: el consumismo.

Hace algunos años atrás escribí en revista ecovisiones -un hermoso proyecto que impulsamos con Ximena Santa Cruz y otros amigos- un artículos inspirado en el libro de Patrick Rivers "Como Vivir Mejor con Menos". Considero que ese artículos es representativo del espíritu de este sitio y como cada día cobra más vigencia quisiera compartirlo con ustedes.

La época de fin de año suele ser un periodo en el que inevitablemente nos vemos envueltos en la vorágine de *fin de año*. Por alguna razón, se juntan una gran cantidad de celebraciones y compromisos, todos difíciles de eludir, asociados al término del calendario. Graduaciones de los niños, bodas, cenas laborales, el infaltable amigo/a secreto/a, despedidas, celebración de la navidad cristiana, hanuka por los judíos, por mencionar algunos. Todos ellos asocian la natural necesidad de compartir en forma fraterna y filial con el intercambio de algún tipo de regalos.

Sin embargo, por lo general, terminamos haciendo más de lo que hubiéramos querido. Asistimos a más compromisos de los que nuestra agenda nos permitía y en muchos casos, por presión social, terminamos haciéndonos presente por medio de algún regalo, mas allá de lo razonable para nuestro presupuesto.

Estas fechas, especialmente el periodo posterior, invitan a la reflexión y al recogimiento y, al necesario balance que nos permite evaluar el saldo en cuenta corriente que definirá si podremos salir de vacaciones y adonde iremos.

Estos días, también ofrecen una inmejorable oportunidad para meditar sobre el sentido de nuestras vidas y en particular de nuestra vida en sociedad, ya que la promesa inicial de intercambiar sencillos presentes termina convirtiéndose en una larga e interminable lista de regalos y regalos que finalmente suman una suma estratosférica.

La Ilusión del Dinero

Hace algunos años, Patrick Rivers escribió un libro que se tradujo al castellano como Vivir Mejor con Menos, en él, el escritor nos relata la experiencia de una persona (el mismo autor) que queda sin trabajo y decide irse a una granja con su esposa y llevar una vida lo más autárquica posible. De esta experiencia Rivers ofrece consejos prácticos que van desde el ahorro de energía hasta recetas de cocina que permiten llevar una vida más sana, económica y feliz.

El ganar más para poder gastar más en cosas y experiencias es una de los círculos viciosos característicos de nuestra forma de vida. Comprarnos cosas es, quizás, una manera de compensar la falta de sentido que encontramos en nuestro trabajo y lo que hacemos día a día. En este círculo un mayor nivel de ingreso asociado a un mayor bienestar, involucra mayores compromisos para mantener esa posición, lo que a su vez requiere mayores ingresos y así sucesivamente.

Hoy, con dinero, pareciera estar todo al alcance de la mano. Con dinero es posible comprar una casa en un buen barrio, un(os) buen(os) auto(s), poner a los niños en un buen colegio. Si es necesario completar nuestra formación profesional la oferta de postgrados, magíster, MBA, o doctorados es inacabable. En un mundo globalizado si es necesario aprender idiomas, tampoco es una dificultad. Y en el campo de la espiritualidad, si la alternativas tradicionales no nos convencen, podemos acceder a iniciaciones de todo tipo, prácticas chamánicas, experiencias con plantas de poder que nos permiten acceder a otras realidades, en fin, la lista puede hacerse interminable.

Sin embargo, ese esquivo momento, en que abríamos un sencillo paquete con un más sencillo regalo, en que nuestro corazón ansioso y nuestros ojos expectantes, descubrían la magia de un pequeño regalo que para nosotros era un mundo por descubrir, está cada día más ausente de nuestras vidas. Ese momento en que toda la magia y el encanto de la navidad se reflejaba en nuestros ojos y en los de nuestros padres.

Con qué deseos cambiaríamos todos nuestros logros económicos por revivir esos momentos.

¿Podremos en algún momento mirar a nuestro alrededor y evaluar qué es lo realmente importante para nuestra vida, qué es una necesidad y qué es solamente un deseo?

Nos dejamos seducir por la ilusión que genera el dinero, en su inacabada y siempre incumplida promesa de satisfacer todos nuestros deseos. Más aún, en la medida que está ilusión se hace permanente se constituye en realidad para nosotros.

Necesidades y Bienes de Consumo

De alguna forma la confusión entre lo que son nuestras necesidades y lo que elegimos para satisfacerlas contribuye a este encantamiento. Porque la imperiosa necesidad de beber podemos saciarla con un sencillo y gratificante vaso de agua o con la más exquisita de las bebidas.

Sin embargo, los publicistas conocen a la perfección cuan fácil de manipular son las personas es este sentido. Por ejemplo, la publicidad de cigarrillos, usa modelos de aspecto californiano, con movimientos atléticos, desbordando erotismo, en bellos ambientes naturales; en circunstancias que los estudios científicos muestran que el cigarrillo produce efectos contrarios: limita la acción física, altera los organismos, reduce la potencia sexual y contamina el ambiente.

Otro ejemplo, la mayoría de los usuarios de PC, a todo nivel, usan como sistema operativo alguna versión de Windows y el paquete de aplicaciones de escritorio Office, ambos de Microsoft, que tienen un costo elevado y se caracterizan por ser inestables y poco confiables según los especialistas. Desde hace varios años existe la alternativa y totalmente gratuita: Linux, este un sistema operativo, altamente confiable y estable, al punto que usado en la mayoría de los servidores web.

Ambas opciones satisfacen las necesidades de procesar información de los usuarios, sin embargo, el bien o satisfactor es distinto.

Desde Maslow, contamos con clasificaciones o categorías de necesidades humanas comprensivas. A saber: necesidades fisiológicas, necesidad de seguridad, necesidad de filiación (amor y afecto), necesidad de autoestima, necesidad de autorrealización.

Sin embargo, Manfred Max Neef fue el primero en distinguir entre necesidades humanas y satisfactores. El sostiene que las necesidades son universales, no cambian demasiado entre culturas, son finitas, pocas y clasificables. En cambio los satisfactores varían enormemente y son lo que distinguen una cultura.

Otra forma de clasificar las necesidades es en: necesidades del ser y necesidades del poseer. Esta es otra ordenación útil para comprender nuestras motivaciones y despejar la compulsión hacia la excesiva posesión, orientándonos a resolver las necesidades del ser.

Desde está perspectiva, introducir pequeños cambios en la forma que solucionamos nuestras necesidades, elegimos y producimos satisfactores puede tener un tremendo efecto en la humanidad y en el planeta.

Tecnología y Calidad de Vida

El uso de una u otra forma de tecnología para la producción de bienes y servicios es también una de las variables claves en la calidad de vida. Tenemos una oportunidad inmejorable para cambiar nuestra existencia y nuestro entorno, haciendo pequeños cambios en la forma que hacemos las cosas. Si nos orientamos hacia prácticas de auto producción de bienes usando tecnologías sencillas, lograremos no sólo afectar nuestra economía doméstica, sino que también el sentido de nuestra existencia, ya que estaremos cambiando el eje desde las necesidades del poseer a las necesidades del ser.

Hoy día, las tecnologías alternativas o intermedias están experimentando un fuerte desarrollo, son tomadas cada vez más en cuenta por los gobiernos y pueden influir en nuestra vida diaria.

Las tecnologías alternativas se caracterizan por ser sencillas, baratas, al alcance de todo el mundo, respetuosas del medio ambiente y eficientes.

Las experiencias van desde la producción de energía en forma eólica a los huertos caseros, ofreciendo opciones en el tratamiento de los residuos domiciliarios, el reciclaje, medios alternativos de transporte (auto eléctrico, hidráulico, etc).

En las grandes ciudades el tratamiento de la basura ha llegado a ser un problema -y un negocio- de proporciones. Los efectos en el medio ambiente son desde hace tiempo, devastadores y los costos asociados al retiro y disposición definitiva de los residuos, un verdadero dolor de cabeza para las arcas fiscales. En circunstancias que existen alternativas más baratas, respetuosas del medio y más racionales desde la perspectiva económica. Una combinación de reciclaje de los desechos no orgánicos, con la producción de composte (un producto con un alto valor como fertilizante orgánico), es una elección más eficiente, que tan sólo requiere ingenio y una organización distinta.

A un nivel micro, la producción casera de vegetales en base a huertos orgánicos son una excelente opción para disponer de alimentos más saludables y ricos en vitaminas y, a la vez, proporcionan una excelente oportunidad para entrar en contacto con la naturaleza y de paso armonizar con ritmos cosmo-biológicos. Una muy buena alternativa también, es el cultivo de hierbas medicinales y aromáticas. En números anteriores de esta publicación se han presentado recetas en base a semillas germinadas, sencillas, fáciles de preparar y con un tremendo potencial nutritivo.

Conclusiones y Bibliografía

Por cierto, las experiencias más vitales aún no tienen costo. Un paseo en una tarde de primavera, una puesta de sol en la playa, una profunda mirada a los ojos de la persona amada, pueden llegar a ser trascendentes y no hay que pagar un peso por ello.

Volviendo a la distinción entre necesidades y satisfactores, estamos ciertos que en la celebración de estas festividades, las necesidades de encuentro y afecto pueden ser resueltas de muchas formas (tantas como satisfactores) y no sólo con las que las que la vorágine social intenta imponernos.

Un gesto de cariño, una reunión con personas queridas y por sobre todo amor, mucho amor, son todas actitudes más pertinentes en la necesidad de relacionarnos que todos tenemos.

Bibliografía

Max Neef Manfred. (2001) *Desarrollo a Escala Humana*, con la colaboración de Antonio Elizalde y Martín Hopenhayn. Editado por: Nordan Comunidad, Montevideo, Uruguay.

Rivers, Patrick (1995). *Vivir Mejor con Menos*, . Editorial Cuatro Vientos, Santiago de Chile.

Shumacher, E. F. (1983). Lo Pequeño es Hermoso, . Ediciones Orbis, Buenos Aires, Argentina.

Génesis del sistema político de los Estados Unidos: Un diálogo intercontinental

2015-06-15

Introducción

La formación de los Estados Unidos como nación independiente es un hecho de primera importancia, no sólo desde el punto vista histórico, sino también desde la mirada de la filosofía política. Los aportes de las teorías políticas de los "padres fundadores"1 dieron origen a un cuerpo de doctrinas y al exitoso ensayo de formación de un país inspirado en los valores de la democracia y la libertad.

El éxito de la independencia y formación de los Estados Unidos ha tenido enormes repercusiones en todo el mundo, ya que su ejemplo ha sido seguido por innumerables países que se han inspirado o replicado su modelo de democracia.

En la conformación de los Estados Unidos confluyeron teorías políticas provenientes de de la Ilustración y la Antigüedad Clásica. Sin embargo, hay un hecho menos conocido que es el aporte de los pueblos originarios, este proceso se ha ido abriendo paso lentamente entre la comunidad científica, para finalmente revelar el gran aporte realizado por la Confederación de las Seis Naciones en las ideas y principios que dieron origen al sistema político democrático de Estados Unidos.

En las líneas siguientes, exploraré los principales aspectos de este hecho para mostrar como el origen de la democracia en los Estados Unidos es fruto del fructífero intercambio cultural entre

---

1. Con la expresión "padres fundadores", me refiero a quienes participaron en la fundación de los Estados Unidos de América como líderes políticos, firmantes de la Declaración de Independencia y redactores de la Constitución, entre otros: G. Washintong, B. Franklin, Thomas Jefferson, John Adams, James Madison, etc.

América y Europa.

Primeros encuentros entre colonos y nativos americanos

Aún cuando el roce, junto a escaramuzas bélicas, fue una constante entre los primeros colonos y los habitantes originarios de Norte América, también se dieron encuentros pacíficos y de rico intercambio cultural entre ambos pueblos. Desde el mítico incidente en que Pocahontas salva la vida del capitán John Smith hasta la primera fiesta de Acción de Gracias entre los peregrinos y la tribu Powhatan en el año 1621, los acercamientos fueron crecientes.

Un buen ejemplo de relaciones pacíficas, fueron los realizados por William Penn. El colono Penn, fue una persona de mente abierta, quien desestimó considerar a los indios como salvajes. Poco después de su llegada a Pensilvania en 1682, conoció a Lenny Lepane perteneciente a la tribu Delaware.

Penn quedó impresionado al conocer el sistema legal y organizacional de la tribu de Lepane. En ésta, una veintena de "sachem" o jefes de clanes familiares que pertenecían a la tribu tenían el mismo derecho a guiar el destino de su comunidad. Uno de los líderes que más le llamó la atención fue Tamanend, debido a su calma, su habilidad para generar consensos, su integridad, su accesibilidad y su voluntad de ayudar a los demás.

Este modelo de liderazgo inspiraría profundamente a B. Franklin, quien residió una parte importante de su vida en Pensilvania.

El modelo democrático que Penn conoció entre los delaware, lo llevó a organizar de una forma parecida el gobierno de su colonia.

Ahora bien, las relaciones más fructíferas desde el punto de vista de la teoría política se dieron con la Liga Iroquesa. Esta confederación estaba integrada por por seis naciones, que respondían a a una rica y compleja organización política, con un elaborado sistema democrático, por lo cual, es conveniente detenerse en ellos, describiendo sus principales características.

Iroqueses o Hau de no sau nee (El pueblo de la casa larga)

La Confederación Iroquesa está compuesta por seis tribus (originalmente cinco): Cayuga, Mohawk, Oneida, Onondaga y Seneca; las que se unieron aproximadamente en el siglo XV, posteriormente se sumaron los tuscarora en el siglo XVIII. Los iroqueses habitaron el Noreste de Estados Unidos y Canadá, más precisamente el Estado de Nueva York hasta el oeste de del Río Hudson, sin embargo, su influencia se extendió más allá de esta área a otras tribus y pueblos.

El origen de la Liga se remonta, según algunos investigadores, al siglo XV. Otros historiadores fijan su inicio en el año 1142, fecha en que habría ocurrido un eclipse de sol, descrito en los relatos de este pueblo.

La tradición oral, cuenta que el líder de los hurones, Dekanawidah (El Pacificador) tuvo una visión de una gran árbol que él interpretó como la unión de cinco tribus para que éstas fuesen más fuertes. Para llevar a cabo esta tarea tuvo el apoyo del chamán onodanga Tatodaho, de la mujer Attawendarok y especialmente del jefe seneca Hiawata, quien se caracterizaba por ser un destacado orador y poseer una gran capacidad de liderazgo.

Para convencer a Tatodaho, Dekanawidah le pidió a éste que rompiera una flecha, lo cual pudo hacer con mucha facilidad. A continuación le pasó cinco flechas, las que ya no pudo romper, indicando con ello la fortaleza que adquirirían las cinco naciones al unirse en una liga.

Entre ellos elaboraron una constitución conocida como la "Gran de Ley de Paz" (Gayanashagowa), la que ha sido transmitida fielmente en forma oral, de generación en generación.

La Gran Ley establecía una organización democrática dentro del pueblo iroqués, con una distribución del poder en distintos órganos y con severas restricciones a las facultades de los gobernantes. Asimismo, la jurisdicción de esta ley regía las relaciones entre las naciones y con los grupos ajenos a estos, los asuntos internos de cada pueblo eran facultad de cada uno de ellos.

En este sentido se puede afirmar que la Liga Iroquesa consideraba la soberanía de cada nación dentro de un gobierno mancomunado, en lo que hoy se conoce como sistema federativo. En este régimen los estados deciden sobre sus propios asuntos y una administración conjunta regula lo que es de interés para el conjunto.2

La estructura política de los iroqueses estaba compuesta por el dehatkadons (máxima autoridad) integrado por los sachem (jefes de clanes) de la Confederación.

A su vez existía un Consejo de la federación, compuesto por 50 royaheh (hombres buenos): 14 onondanga, 10 cayuga, 9 oneida, 9 mohawk y 8 seneca eran sus integrantes. Los miebros del Consejo eran elegidos de una lista propuesta por las mujeres.

Por su parte, las mujeres eran responsables de elegir a los jefes militares en tiempos de guerra y tambíen de elegir el reemplazante de los sachem o royaneh, cuando uno de estos fallecía. Y más importante aún, las mujeres tenían facultad revocatoria y podían destituir a los representantes cuando estos no cumplían las funciones que les correspondían. En la elección para deponer un líder participaban hombres y mujeres.

Las políticas de la confederación eran resueltas por el Gran Consejo de acuerdo a un procedimiento equivalente a el del sistema bicameral actualmente imperante en Estados Unidos. La discusión de un tema comenzaba con los mohawks y los senecas, denominados "hermanos mayores". Luego era discutida por los Guardianes de la Puerta Oriental (mohawks) y los Guardianes de la Puerta Occidental (senecas). Posteriormente el tema se ponía en manos de los oneidas y cayugas, los "hermanos menores". Una vez logrado el consenso entre oneidas y cayugas, el asunto volvía a los senecas y mohawks para ser ratificada. Finalmente se presentaba a los onondagas para que resolvieran cualquier dife-

2.   Cuéllar-Barandiarán Guillermo. Haudenosaunee: Los principios indígenas de la Democracia. *Revista Ciencia, Cultura y Sociedad* Vol I N° 1, Enero 2013

rencia que subsistiera.

Un aspecto destacado de la Gran Ley es que cuando el tema a debatir era realmente importante, el Consejo tenía que dejar el asunto en manos de toda la comunidad, la que se pronunciaba a través de un referéndum.

Este largo procedimiento estaba orientado a conseguir el consenso entre todas las tribus que componían la Liga y sobre todo para asegurar mecanismos de control y equilibrio de poderes.

Presencia de los Iroqueses en el primer Congreso Continental

Como he señalado la relación entre los nativos americanos y los colonos ingleses se produjo prácticamente desde la llegada de estos últimos a Norteamérica y fueron los iroqueses quienes tuvieron la mayor influencia en las ideas políticas de los padres fundadores.

La relaciones fueron permanentes, a través de tratados comerciales y alianzas para conflictos bélicos.

En Pensilvania en 1744, el líder iroqués Canassatego aconsejaba a los colonos con los siguientes conceptos tomados de la unidad iroquesa:

> *Nuestros antepasados sabios establecieron la Unión y la Amistad entre las Cinco Naciones. Esto nos hizo formidables; esto nos ha dado un gran Peso y Autoridad con nuestras naciones vecinas. Somos una confederación poderosa, y si ustedes observan los mismos métodos, los que han asumido nuestros antepasados sabios, ustedes adquirirán una Fuerza y un poder semejantes. Por lo tanto, pase lo que pase, nunca se separen.*[3]

En el Congreso de Albany en 1754, el sachem iroqués Tiyanoga habló a 200 indios y a los delegados coloniales sobre el sistema

3.   Taratado de Lancaster de 1744 en Bruce E. Johansen. Las ideas de gobierno entre los indígenas y la Constitución de Estados Unidos. *Periódico Electrónico Pueblos indígenas de hoy*: vivir en dos mundos. 12 junio 2009

político iroqués, de la misma forma que lo había hecho Canassatego , diez años antes.

Franklin, quien fue delegado a este congreso, tomó debida nota de las ideas expuestas y las usó en la redacción de su Plan Albany. El 10 de julio de 1754 este plan fue aprobado por el Congreso y presentado al rey George III. El plan, que aunque era una situación intermedia en términos de independencia, anticipó las ideas planteadas posteriormente por la Declaración de Independencia, principalmente la relacionada con el concepto de federalismo.

En otro hecho relevante de este intercambio diplomático, el 11 de junio de 1776, los jefes iroqueses fueron invitados al debate de la independencia en el Salón de Sesiones del Congreso Continental. El orador expresó el deseo de tratarse como hermanos, y que "la amistad entre ellos continúe mientras el sol brille y las aguas corran" expresó que los nuevos americanos y los iroqueses debían actuar como un solo pueblo y un solo corazón". A continuación el jefe Onondaga bautizó al presidente del Congreso John Hancock con un nombre indio, y lo llamó "Karandiawn" ("Gran árbol"). 4

Federalismo y soberanía popular, aporte iroqués a los Estados Unidos

Los padres fundadores estaban familiarizados con las nuevas ideas de organización de la democracia, en particular con el concepto de separación de poderes planteado por John Locke y Montesquieu, sin embargo, nunca habían visto funcionar una democracia "en vivo" como forma de organización de un país completo.

El cercano ejemplo de la Confederación Iroquesa fue decisivo para quienes le dieron forma al sistema federado estadounidense.

Por ejemplo James Wilson señaló en 1787 que él no sería "gobernado por el modelo británico que es inaplicable a este país". Wilson pensaba que el tamaño de Estados Unidos era tan grande

4.   Bruce E. Johansen y Donald A. Grinde, Jr. *Exemplar of Liberty: Native America and the Evolution of Democracy.*

y sus ideales tan "republicanos que nada sino una gran república confederada sería suficiente"(citado en Johansen 2009).

Por su parte John Adams publicó un extenso ensayo llamado Una defensa de las constituciones de gobierno de los Estados Unidos de América. El texto de Adams es un análisis de las formas de gobierno e incluye una descripción del gobierno iroqués y otros pueblos nativos americanos, así como ejemplos de confederaciones en Europa y en Asia.

Las opiniones de B. Franklin, favorables al federalismo basado en el sistema de la Confederación de las Seis Naciones, fueron planteadas por él desde el Plan Albany en adelante.

Respecto al federalismo hay que mencionar que los iroqueses no fueron el único pueblo en practicar esta forma de asociación. Además de los delaware, los sioux, habitantes del medio oeste se organizaron en la Nación Sioux, constituida por siete tribus. Sin embargo, por la fecha en que entraron en contacto más estrecho con los europeos, no tuvieron influencia en las ideas de los padres fundadores.

El concepto de soberanía radicada en el pueblo tuvo en Estados Unidos una expresión fundante el sistema democrático. Una expresión muy clara de esto se refleja en la primera frase de la Constitución de EEUU, "Nosotros, el pueblo" (We the people). Esta frase coincide exactamente con la primera sentencia de la Gran Ley de Paz de los iroqueses.

John Rutledge representante de Carolina del Sur y delegado en la convención constitucional, tenía por costumbre leer largos trozos de la Gran Ley de Paz iroquesa, las que empezaba con la frase "Nosotros, el pueblo, para formar una unión y establecer paz, igualdad y orden..."5

La Confederación de las Seis Naciones y la democracia de consejos

Las particularidades de la forma de organización política del

____

5.   Wikipedia. Gran Ley de Paz https://es. wikipedia. org/wiki/ Gran_Ley_de_la_Paz, recuperado el 30 de mayo 2015.

pueblo iroqués trae a la mano las reflexiones que Hanna Arendt hace sobre el proceso revolucionario norteamericano. Por lo que hemos presentado hasta aquí, existe un grado de similitud importante entre el pensamiento de Arendt y los aportes efectuados por los iroqueses a la democracia estadounidense.

De acuerdo a Arendt, una parte significativa del éxito de la Revolución de Estados Unidos radica en que poder y autoridad se encuentran en fuentes separadas. Esto permitió que se desarrollara una democracia estable capaz de renovarse a si misma a través de cambios a la ley y la misma Constitución.

Según Arendt el poder se enraíza en la voluntad popular (ésta es cambiante) y la autoridad tiene su fuente en la Constitución (ésta permanece y puede impedir violaciones a la constitución).

La autora sostiene que los padres fundadores se inspiran en Roma que separa, el poder, el cual se encontraba en el gobierno, de la autoridad que estaba ubicada en el senado.

De acuerdo a estos conceptos quiero examinar los siguientes aspectos:

La importancia de de una carta constitutiva como fuente de legitimidad de la autoridad.

El aporte original del proceso estadounidense consistió en separar poder de autoridad y fundar esta última en la Constitución. La generación de una carta fundamental, ampliamente consensuada, sin duda, ha dado estabilidad a la democracia estadounidense.

El paralelo con la Confederación Iroquesa, aquí es evidente. La Confederación de las Seis Naciones fundaba la fuente de autoridad de sus leyes acuerdos y tratados en la Gran Ley de Paz. Más aún, la igualdad de la frase inicial de ambas cartas fundamentales (iroquesa y estadounidense), difícilmente es casual.

Por otra parte, tanto estadounidenses como iroqueses, conscientes que el poder se crea mediante la asociación, fortalecieron este aspecto con sus respectivas Confederaciones.

El sistema federal y su relación con la democracia de consejos

De acuerdo a lo que sabemos en la Confederación Iroquesa "Todos los temas políticos, todos los asuntos de interés público, se deliberaban y decidían en y por consejos", 6 y a su vez estos "... consejos se organizaban en forma de una pirámide. 7", desde el clan, luego en la tribu (o nación) y finalmente en la Confederación.

Los iroqueses se tomaban todo el tiempo necesario para llegar a una decisión y preferían que esta fuera por consenso. Ahora bien, esta importancia de lo público en su cultura se fundaba en que estaban liberados del reino de la necesidad8 y podían destinar su tiempo a la acción (es decir a la actividad pública), como diría Arendt. En palabras de los iroqueses, la tierra era generosa y abundante y sin mucho esfuerzo podían cazar un ciervo.

Para Arendt, estas condiciones también se dieron para los ciudadanos del naciente Estados Unidos, ya que en su opinión las colonias americanas se habría dado una suerte de "igualdad envidiable" de manera orgánica y natural.

Los padres fundadores, quisieron darle esta configuración a la democracia estadounidense al optar por el federalismo y en un primer periodo lo lograron. Pero posteriormente, el tamaño y complejidad del actual Estados Unidos ha debilitado este aspecto.

La separación de poderes y su rol en el equilibrio de poderes en el sistema político.

La Revolución Estadounidense puso en práctica las teorías políticas de Locke y Montesquieu sobre la separación de poderes. Los padres fundadores, con plena consciencia de la necesidad de limitar el poder, y que los límites a este poder debían ser puestos

---

6.   Totschnig Wolfhart. How to Reconcile Participation and Representation A Defense of Arendt's Argument for the Council System.

7.   Ibid.

8.   Arendt Hanna, *La condición humana*. Paidos 2003.

desde la política misma, implementaron un sistema con separación de poderes, que hoy ha llegado a ser "un deber ser" para las democracias.

De acuerdo a Arendt, la desconfianza de los primeros estadounidenses ante el poder requería poner limites ante la apetencia de este poder y los llevó a establecer un gobierno constitucional limitado.

Por su parte, los iroqueses conocían esta forma de gobierno desde hacía mucho tiempo. En tiempos de paz, un consejo pequeño desempeñaba las funciones del poder ejecutivo (dehatkadons) y un gran consejo con representantes de las seis naciones desarrollaba las actividades legislativas, los jefes militares eran propuestos por las mujeres.

Más aún, en este equilibrio de poderes, las mujeres tenían una función clave, proponiendo autoridades y revocándolas cuando estas infringían gravemente lo estipulado en la Gran Carta de Paz.

Legado cultural de los nativos americanos

Como he señalado, el tema de la influencia de los nativos americanos ha comenzado a validarse dentro de la comunidad científica y la opinión pública estadounidense. Sin embargo, no ha estado exenta de polémica y ha tenido algunos detractores. Más allá de este debate, quiero señalar que como ocurrió con todo el continente americano, la fusión de etnias, tradiciones y costumbres dio origen a culturas completamente nuevas y éste es también el caso de lo ocurrido en Estados Unidos.

La influencia iroquesa se ha expresado en una serie elementos políticos y simbólicos que la cultura estadounidense ha recogido. En un encuentro cultural de esta magnitud se puede mencionar una infinidad de ejemplos, así que sólo mencionaré los más destacados y relacionados con el tema que nos ocupa:

Gran sello de los Estados Unidos. Este importante símbolo presenta en uno de sus lados la imagen de un águila, sosteniendo en una de sus patas una rama de olivo y en la otra trece flechas que representan las primeras colonias firmantes de la Declaración de Independencia.

Este símbolo, por cierto no sólo alude a las originales trece colonias, sino que también se remonta a la Liga Iroquesa que usaba como símbolo cinco flechas.

Moneda de dólar de 2010. Por resolución del Congreso de los Estados, Unidos de América9, desde el año 2009 hasta el año 2014 se acuñaron seis monedas con motivos alusivos a los nativos americanos. El lado de la cara, común para las seis, lleva la imagen de Sacagawea, que participó en la expedición de Morgan. La moneda del año 2010 tiene en el reverso un motivo alusivo a la Confederación Iroquesa. La imagen que presenta esta moneda son cinco flechas rodeadas por el cinturón de Hiawata, éste a su vez es la base de la bandera de la Confederación y tiene el árbol de la paz con cuatro cuadros a sus lados, para representar a las cinco naciones.

El texto presente en la moneda y relacionado con su motivo son "HAUDENOSAUNEE" Y "GREAT LAW OF PEACE".

Thanksgivingday. El Día de Acción de Gracias está profundamente arraigado en la cultura estadounidense y proviene de tradiciones que trajeron los primeros colonos, que coincidían con celebraciones similares de los primeros. En ambos casos son festividades realizadas luego del finalizar las cosechas.

La primera madre. Hasta la década de 1850 un símbolo de Estados Unidos fue una mujer nativa, en esa fecha fue reemplazada por el "Tío Sam". El origen del símbolo de la mujer nativa proviene de una leyenda séneca, que relata la historia de la "primera madre" o "mujer del cielo", la que al caer a las aguas es salvada por una tortuga, dando origen al subcontinente norteamericano, que tiene una forma similar a la de este animal.

El motivo de la mujer nativa americana ha persistido en el tiempo, por ejemplo a través de la estatua El espíritu de la libertad que se eleva sobre el domo del Capitolio, sede del Congreso de EEUU.

9.	Public Law 110-82-Sept. 20, 2007. 110th Congress USA.

Caucus. Esta expresión aún cuando es de origen estadounidense, se ha extendido a otros países de habla inglesa. Caucus se refiere a una reunión o asamblea en la que son elegidos representantes, como por ejemplo en la elección presidencial.

La palabra caucus proviene de la lengua algonquina, hablada por un pueblo originario de norteamericana. En algonquino la expresión "cau?-cau-as?u" significa reunión de jefes de tribus o "consejo.

Conclusiones

El sistema democrático desarrollado en Estados Unidos de América es, sin duda, el resultado de un encuentro intercultural, entre los aportes de las ideas del viejo continente y las realizadas por los pueblos originarios de Norteamérica.

Más allá de los cuestionamientos a esta hipótesis, la evidencia parece ser suficientemente categórica para considerar su veracidad.

Por otra parte, las características de la democracia estadounidense, con su separación de poderes, limitando el poder y radicando la fuente de la autoridad en la Constitución, ha desarrollado un sistema que ha dado estabilidad a las instituciones políticas y cuenta con la flexibilidad suficiente para renovarse a sí mismo. En este sentido podemos decir que es un paradigma de normalidad y acontecimiento.

Es pertinente señalar tres situaciones que han puesto a prueba lo señalado precedentemente, a saber: el voto y la participación de la mujer, el movimiento por los derechos civiles y la esclavitud. En el caso de los dos primeros, el sistema democrático estadounidense ha puesto las condiciones para que puedan ser resueltos los cambios necesarios dentro del marco institucional, más allá de las insuficiencias, demoras y situaciones pendientes.

Sin embargo, en el caso de la esclavitud, los intereses en tensión, no pudieron ser resueltos dentro del marco democrático y dieron origen a una sangrienta guerra civil, que permitió la eliminación de la esclavitud.

Por último, las condiciones que eran apropiadas al comienzo del siglo XIX para la acción democrática en Estados Unidos, hoy han cambiado. Por un lado, el cambio de tamaño del país y de población, con el consiguiente aumento en complejidad, pone serias restricciones para la expresión de la soberanía popular. Y por otro lado, los requerimientos contemporáneos a la democracia hoy son distintos, más exigentes y con estándares más altos.

Esto nos lleva de vuelta a los fundamentos: cómo permitir que se exprese la soberanía popular y el poder pueda ser controlado. Aquí es donde cobra vigencia la propuesta de Arendt sobre la democracia a través de un sistema de consejos apoyados por las modernas tecnologías de la comunicación.

Representación: ¿Puede el subalterno ser representado?

Presentación

La reflexión planteada en las siguientes páginas tiene como piedra angular el concepto de representación, en estrecha relación con la subalternidad.

El sujeto subalterno, considerado como el sujeto marginal, es decir, aquellos que se encuentran en los bordes de la sociedad y a los cuales su malestar es silenciado, al punto que incluso cuando logran expresarse, su voz no es escuchada, ya que existe un sistema que no se lo permite.

Este sujeto busca ser interpretado por intelectuales y activistas políticos de todo tipo y por lo tanto, cabe hacerse las siguientes preguntas:

¿Es legítima esta representación?

Si esta representación fuese legítima, ¿cuáles son las condiciones necesarias para que esta representación pueda ser legítima?

Cuando está representación no es autorizada ¿cuál es su rol en la creación y reproducción de un sujeto femenino silenciado?

En las páginas que siguen intentaremos abordar y reflexionar sobre estas preguntas teniendo como eje central de la reflexión el texto de Gayatri Spivak ¿Puede hablar el sujeto subalterno?

Algunos antecedentes previos

El concepto de subalterno, acuñado por Antonio Gramsci, fue tomado y desarrollado por el Grupo de Estudios Subalternos. Este centro de estudios tiene su origen en la India, y es en él donde Gayatri Spivak ha desarrollado parte importante de su trabajo, en particular los relacionados con los temas de colonialismo y feminismo, los cuales han tenido como soporte el concepto de subalterno. Uno de sus trabajos más conocidos es: ¿Puede hablar el sujeto subalterno?[1]. Los aspectos centales de las reflexiones que siguen tienen como inspiración el texto mencionado.

Gayatri Spivak es filósofa y pensadora de origen indio, nació en Calcuta en 1942 y en la actualidad se desempeña como profesora en la Universidad de Columbia en Estados Unidos. Spivak se hizo conocida en Occidente por su traducción del trabajo Gramatología de Jacques Derrida y por el artículo ya señalado ¿Puede hablar el sujeto subalterno?

Spivak ha realizado el núcleo central de sus reflexiones en el contexto del Centro de Estudios Subalterno y las temáticas principales sobre las que ha reflexionado en este espacio tienen que ver con el colonialismo, la subalternidad y el feminismo.

Las influencias más importantes que esta autora reconoce en su trabajo, son el feminismo, el marxismo, el deconstruccionismo y las teorías sobre poscolonialismo. En particular ella reconoce el aporte en sus reflexiones, del concepto de subalterno de los estudios sobre hegemonía de Antonio Gramsci.

De la hegemonía al subalterno

En teoría política marxista existen tres conceptos que llevan el sello de Antonio Gramsci, a saber: hegemonía, bloque dominante y clase subalterna, ya que aún cuando alguno fuera usado previamente (como el de hegemonía), este pensador puso en ellos su aporte distintivo, y estas definiciones son las que finalmente han trascendido.

En Gramsci el concepto de subalterno tiene sus orígenes en la acepción común de la palabra, usada en el mundo militar para referirse a los oficiales subalternos. Luego, Gramsci extiende el concepto para referirse a los grupos que son objeto de dominación en una sociedad determinada. Las primeras referencias explícitas, él las realiza en contexto del análisis norte-sur en la Italia de su época. El norte, industrialmente más desarrollado cuenta con importantes sectores de proletarios, en cambio el sur de características

---

1. Gayatri Chakravorty Spivak, ¿Puede hablar el sujeto subalterno? Bogota: *Revista Colombiana de Antropología*, vol. 39, enero-diciembre, 2003.

rurales y agrícolas es la expresión de sectores campesinos pobres y acomodados.

En Gramsci, el concepto de grupo o clase subalterna corresponde a todos aquellos sectores que no tienen expresión en el Estado, en la sociedad política o en la sociedad civil.

Para Gramsci:

"Las clases subalternas, por definición, no están unificadas y no pueden unificarse hasta que no puedan volverse Estado: su historia, por lo tanto, está trenzada con la de la sociedad civil es una función "desagregada" discontinua de la historia de la sociedad civil y, por este medio, de la historia de los Estados o grupos de Estados"[2].

Por lo cual caben dentro de esta agrupación todos los sectores oprimidos, incluso el proletariado, en cuanto no se han constituido y no han hecho suyo el Estado.

Gramsci menciona por primera vez este concepto en 1926 en el artículo La cuestión meridional y continúa desarrollándolo durante toda su estadía en la cárcel, periodo durante el cual lo afina. Desde el concepto original, tomado del mundo militar y luego aplicado a los campesinos del sur de Italia, este se extiende a todo grupo que es objeto de dominación.

"§ <2> Criterios metodológicos. *La historia de los grupos sociales subalternos es necesariamente disgregada y episódica. Es indudable que en la actividad histórica de estos grupos existe la tendencia a la unificación, si bien según planes provisionales, pero esta tendencia es continuamente rota por la iniciativa de los grupos dominantes, y por lo tanto sólo puede ser demostrada a ciclo histórico cumplido, si éste concluye con un triunfo. Los grupos subalternos sufren siempre la iniciativa de los grupos dominantes, aun cuando se rebelan y sublevan: sólo la victoria "'permanente" rompe, y no inmediatamente, la subordinación...."*[3]

2. Gramsci, Antonio. *Cuadernos de la cárcel Volumen 3*. México: Ediciones Era, 2000.
3. Gramsci, Antonio. *Cuadernos de la cárcel Volumen 6*. México: Edi-

Para Gramsci, las clases subalternas son susceptibles de alianzas con el proletariado, por cierto bajo la hegemonía de éste. La formación de esta alianza de clases permite la creación de un nuevo bloque social que al constituirse en hegemónico, crea las condiciones de su liberación.

Es por esta razón que Gramsci, plantea que toda iniciativa de autonomía en las clases subalternas es de primera importancia:

> *"... En realidad, aun cuando parecen triunfantes, los grupos subalternos están sólo en estado de defensa activa (esta verdad se puede demostrar con la historia de la Revolución francesa hasta 1830 por lo menos). Todo rastro de iniciativa autónoma de parte de los grupos subalternos debería por consiguiente ser de valor inestimable para el historiador integral..."*[4]

En Spivak el concepto de subalterno, tiene algunas diferencias. Para ella, subalternos son quienes se encuentran en la periferia y que a diferencia de otros grupos oprimidos no cuentan con canales de expresión para su malestar, es justamente por eso que Spivak se formula la pregunta "¿Puede hablar el sujeto subalterno?".

De igual manera la solución planteada por Gramsci es distinta a la de Spivak. En Gramsci, la clase subalterna debe constituirse en sujeto hegemónico y tomar el control del Estado, de esto depende que la clase subalterna deje de serlo. En Spivak la situación no es planteada de la misma forma y aún cuando, casi puede desprenderse de su texto que cuando "el subalterno logra ser escuchado, deja de serlo" en ningún momento ella lo plantea de manera explícita. Si insinúa que la educación juega un rol relevante en la salida del sujeto subalterno de su posición, punto que examinaremos más adelante.

La reflexión central de este estudio surge precisamente del articulo de Gayatri Spivak ¿Puede hablar el subalterno?, así que

ciones Era, 2000.

4. Gramsci, Antonio. *Cuadernos de la cárcel Volumen 6*. México: Ediciones Era, 2000.

dedicaremos unas líneas a presentar las ideas centrales que hilan el entramado del ensayo de Spivak.

La autora desarrolla dos líneas paralelas: el rol de los intelectuales del primer mundo intentando ser la voz de los sin voz y una práctica tradicional del hinduismo como es el sati, donde las viudas se queman en la pira funeraria de los maridos.

Un dialogo de dos intelectuales del primer mundo

El texto de Spivak se inicia con una crítica a una conversación entre Giles Deleuze y Michael Foucault publicada con el nombre Los intelectuales y el poder: una conversación entre Michel Foucault y Gilles Deleuze[5]. La reflexión que realiza la autora bengalí gira en torno a la legitimidad que tienen intelectuales europeos y por tanto del primer mundo, para hablar en nombre de los oprimidos. El diálogo entre Foucault y Deleuze gira en torno a los oprimidos y la cuestión del poder, y narra algunas de las experiencias de Foucault con personas encarceladas, a las que éste hizo expresarse y en dos ocasiones consiguió estos fueran liberados. El dialogo entre ambos autores, transcurre en el contexto de la influencia que el maoismo ejerció entre algunos intelectuales franceses pos mayo de 1968.

¿Por qué Spivak plantea una crítica tan radical a Deleuze y Foucault, dos intelectuales considerados radicales, expresión del activismo y la filosofía liberadora?

Con su crítica, Spivak busca develar que estos intelectuales no son tan liberadores como parecen y que en su postura esconden la reproducción de las relaciones de dominación que ellos mismos denuncian.

El diálogo entre Foucault y Deleuze le permite a Spivak graficar el problema teórico que quiere tratar: la representación del subalterno en todas las partes del proceso. En el sujeto que busca representarlos (el intelectual), en quien se convierte en objeto de

---

5.   Michael Foucault. *Microfísica del poder*. Madrid, Las Ediciones de La Piqueta, 1979.

esa representación (el subalterno) y en el modo, la forma de esa representación (la teoría, el método, el concepto).[6]

Para Spivak, este diálogo carece de validez ya que en su opinión Foucault y Deleuze no se encuentran autorizados a hablar por los subalternos. Ella representa este hecho a partir de la diferencia que existe en alemán para la palabra representar que se puede expresar como "Vertreten" o "Darstellen"; la reflexión surge desde un texto de Karl Marx El Dieciocho Brumario de Luis Bonaparte. En el primer concepto (Vertreten) el que representa está autorizado para hacerlo y por tanto puede sustituir al representado. En el segundo (Darstellen), quien representa hace el papel del representado y por tanto no tiene la legitimidad para hacerlo. Spivak plantea entonces que Foucault y Deleuze están haciendo una representación en el sentido de Darstellen, es decir no autorizada.

Un segundo cuestionamiento planteado por Spivak tiene que ver con que en toda representación se produce una interpretación, una traducción del interpretado y por tanto una distorsión del mensaje originario.

Y un tercer aspecto, en el cuestionamiento de Spivak y en mi opinión, el más poderoso tiene que ver con que al representar el intelectual al subalterno, también crea y recrea las condiciones del silenciamiento de éste.

Para equilibrar las críticas planteadas por Spivak, es necesario señalar que Deleuze y especialmente Foucault están conscientes de algunos de estos hechos. Foucault lo expresa en los siguientes términos:

> Ahora bien, lo que los intelectuales han descubierto después de la avalancha reciente, es que las masas no tienen necesidad de ellos para saber; saben claramente, perfectamente, mucho mejor que ellos; y lo afirman extremadamente bien. Pero existe un sistema de poder que obstaculiza, que prohíbe, que invalida ese discurso y ese saber. Poder que no está solamente

6. Manuel Asensi Pérez. La subalternidad borrosa: Un poco más de debate en torno a los subalternos. MACBA, Barcelona 2009. http://www.macba.cat/PDFs/spivak_manuel_asensi_cas.pdf

en las instancias superiores de la censura, sino que se hunde más profundamente, más sutilmente en toda la malla de la sociedad. Ellos mismos, intelectuales, forman parte dé ese sistema de poder, la idea de que son los agentes de la «conciencia» y del discurso pertenece a este sistema.

Precisamente aquí Foucault expresa el silenciamiento que el sistema de poder establece para que los subalternos no puedan ser escuchados y el rol que los intelectuales juegan dentro de éste, contribuyendo a dicho silenciamiento. Foucault, como forma de resolver este hecho, asigna a los intelectuales un rol que es un imperativo ético:

> El papel del intelectual no es el de situarse «un poco en avance o un poco al margen» para decir la muda verdad de todos; es ante todo luchar contra las formas de poder allí donde éste es a la vez el objeto y el instrumento: en el orden del «saber», de la «verdad», de la «conciencia», del «discurso».

Sin embargo, comparto con Spivak el tercer cuestionamiento, es decir, que al intentar representar el intelectual a los sujetos subalternos, reproduce las condiciones de su silencio.

Inmolación en la pira funeraria

El segundo hilo que Spivak nos propone es la antigua práctica hinduista (sati) que siguen las viudas, después de la muerte de su marido. De sus recuerdos de infancia, Spivak trae al presente el sacrificio de la hermana de su abuela, siguiendo antiguas tradiciones hinduistas y a partir de ello propone una reflexión que corre de manera paralela a la crítica planteada a Deleuze y Foucault sobre la legitimidad de la representación.

Las autoridades británicas, durante la ocupación de la India, horrorizadas por la práctica del sati, abolieron esta tradición en

---

7.   Ibid, pag.79.
8.   Ibid, pag.79.

el año 1842 y la declararon ilegal, buscando aliviar la situación de las viudas víctimas del sati.

En la tradición hinduista la expresión sati proviene de la leyenda de la diosa Sati, esposa del dios Shiva. De acuerdo a la leyenda Daksha, padre de Sati, realizó una ceremonia, a la cual no invito a su hija por ser esposa del "sucio" Shiva. Ante el desaire de su padre, Sati se sentó a meditar durante largo tiempo y luego del cual, se encendió en fuego espontáneamente.

Según el hinduismo el sati valida para siempre la unión de marido y mujer que ha vencido y trascendido la muerte. Al trascender la muerte, la esposa alcanza el mocksha (la liberación espiritual) y por lo tanto escapa al ciclo de las reencarnaciones. El recuerdo de quien realiza el sacrificio queda en la memoria de la aldea y en especial de las mujeres para quienes representa un modelo a seguir.

En este caso, la crítica que Spivak plantea tiene que ver con que la abolición por lo británicos del ritual del sati, se trata de que "Los hombres blancos están protegiendo a las mujeres de piel oscura de los hombres de piel oscura"[9]

Al plantear esta situación, la escritora bengalí, nos enfrenta a la pregunta central presente en todo su artículo: ¿los sujetos subalternos son los protagonistas de su propia emancipación?. Y al no ser así, ¿se crean verdaderamente condiciones para que esto ocurra? O por el contrario, cuando ocurre esta representación no autorizada del sujeto subalterno, acaso no se recrean las condiciones de su subalternidad.

Cuando Spivak plantea esta crítica radical a lo que parece ser una buena causa: la eliminación del ritual del sati, la autora está denunciando una cierta historiografía del pueblo indio, donde todo lo bueno y civilizado es obra de los colonizadores británicos y la élite india colonizada.

Por cierto esta historiografía silencia de forma sistemática las movilizaciones de los subalternos, en especial las movilizaciones

9.   Gayatri Chakravorty Spivak, ¿Puede hablar el sujeto subalterno? Bogota: *Revista Colombiana de Antropología,* vol. 39, enero-diciembre, 2003.

de los campesinos en la India colonial.

Sobre la representación

Desde los planteamientos anteriores, surge como una de las cuestiones centrales el tema de la representación. Spivak lo plantea como la representación que los intelectuales o las élites hacen de los sujetos subalternos y de acuerdo a sus postulados, son sujetos que experimentan una doble dominación, ya que se trata de mujeres en la India colonizada por los británicos.

Como hemos visto en la aguda reflexión de Spivak, esta representación tiene efectos y consecuencias en los sujetos subalternos, por la vía de reproducir las condiciones de su subalternidad.

Ahora bien, el concepto de representación tiene un rol central en la teoría y la filosofía política. Desde que las personas viven en sociedades complejas, ya no es posible que las decisiones sean tomadas en forma directa en una asamblea.

Incluso, aún cuando esto fuera posible, la infinidad de decisiones llevaría a que las personas tuvieran que ocupar una parte de su tiempo en la actividad asambleísta, haciendo inoperante esta forma de toma de decisiones.

Esto que aquí es planteado en términos muy generales muestra la necesidad de la representación, necesidad asociada a hacer operativo un grupo para la acción, ya que como señala Hanna Arendt "El poder surge entre los hombres cuando actúan juntos y desaparece en el momento en que se dispersan"[10]

La representación de la que estamos hablando, surge entonces de los propios grupos y en el caso del sujeto subalterno en particular, para que sea legítima esta representación debe surgir del interior de los propios grupos.

Quisiera graficar este punto con la distinción entre heteronomía (del griego hetero diverso, otro y nomos norma) y autonomía (auto propio, si mismo y nomos norma). La crítica planteada por Spivak, en todo momento habla de normas (o representación) que son planteadas desde afuera del sujeto subalterno, es decir

---

10. Hanna Arendt, *La condición humana*, Buenos Aires: Paidos 2003.

de heteronomía, en circunstancias que que la representación debiera surgir desde el propio sujeto subalterno.

Algunas experiencias de representación

Durante la denominada Revolución pingüina en Santiago de Chile en 2006, los estudiantes se movilizaron para exigir tarifa rebajada en el transporte público y ante la masividad y éxito del movimiento, extendieron sus demandas para exigir el cambio de la dependencia municipal de los establecimientos educacionales a una dependencia directa del Ministerio de Educación, para evitar las desigualdades que se producen ante la las distintiva disponibilidad de recursos de cada municipio.

Un hecho destacable del movimiento estudiantil es que éste fue espontáneo y la influencia de los partidos políticos tradicionales fue escasa por no decir nula. Asociado a esta espontaneidad, hubo un aspecto distintivo, los representantes del movimiento estudiantil se presentaban ante los medios de comunicación como "voceros", no como representantes y menos como dirigentes, que había sido la expresión favorita de la izquierda tradicional.

La organización de los estudiantes era una una suerte de organización federativa donde los voceros de distintos liceos se iban turnando para ser la voz de este movimiento, que aparentemente parecía ser acéfalo, pero que al mismo tiempo tenía muchas cabezas.

De alguna manera esto recuerda lo que plantea Hanna Arendt cuando habla sobre la Revolución húngara[11] y señala que de manera espontánea los húngaros se organizaron en consejos, la misma forma de organización que los revolucionarios se habían venido dando desde 1848 en París y otros lugares de Europa.

Con esto no estoy queriendo decir que el movimiento o Revolución pingüina de 2006 fue un movimiento revolucionario como el que plantea Arendt, si no que existe a la base de la experiencia humana una forma participativa de organizarse ya sea en asam-

11.   Hanna Arendt, *Karl Marx y la tradición del pensamiento político occidental y Reflexiones sobre la Revolución húngara*. Madrid: Ediciones Encuentro, 2007.

bleas o consejos y que entiende la representación como un poder que surge de manera legítima del propio grupo.

En la actualidad (junio 2015) el Intendente de la IX Región o Región de la Araucanía es Francisco Huenchumilla, abogado de ancestros mapuche. Aún cuando el Intendente es designado por la presidencia de la república, Huenchumilla reconociendo sus raíces mapuche ha elevado con fuerza su voz para expresar la legitimidad de las reivindicaciones planteadas por las organizaciones mapuche en cuanto a la recuperación de sus tierras ancestrales.

Más allá del valor de la voz de Huenchumilla, cabe aquí la reflexión de si él es una voz autorizada para expresar las reivindicaciones del pueblo mapuche, por cuanto él, si bien tiene ancestros de esta misma etnia, es un profesional, formado en una universidad del Estado chileno y además una autoridad nombrada desde el gobierno central. Es decir, en este aspecto es equivalente a Deleuze y Foucault en la crítica planteada por Spivak y por que no decirlo equivalente a la misma Spivak, desarraigada ya de sus orígenes.

Reflexiones finales

La realidad de los sujetos subalternos genera una paradoja de difícil solución. Si el sujeto subalterno no puede hablar, entendiendo por esto que su voz es acallada o no escuchada y a su vez los intelectuales carecen de legitimidad para representar al subalterno ¿Como se consigue que la voz de los subalternos sea escuchada?

Las repuestas a esta pregunta corren por dos carriles distintos

Uno en el sentido que expresa Spivak que esto está del lado de la educación de largo plazo. Y con esto no se refiere a la educación o a la educación para el mundo del trabajo, si no a una educación que permite a los subalternos tomar conciencia de su propia situación.

Cuando se le pregunta a Spivak por esto, ella responde en una entrevista a Manuel Asensi en los siguientes términos:

"En la tesis número once de las Tesis sobre Feurbach, Marx se pregunta ¿quién educará a los educadores? Yo no tengo ningún inconveniente en responder "yo misma", porque estoy convencida de que la única manera en que se puede transformar la mente de la gente en general es a través de la educación, y por eso la educación posee un gran trasfondo ético"[12]

La otra solución la encontramos en lo planteado por Arendt, en el sentido que el poder surge cuando los seres humanos actúan juntos, es decir en la acción. En la organización, que como ella dice surge naturalmente en la base de las organizaciones de las personas que actúan juntas.

En ambos casos, las soluciones se encuentran en un planteamiento autónomo, donde los propios sujetos subalternos son los que generan las condiciones de su emancipación.

---

12.   Entrevista a Gayatri Chakravorty Spivak por Manuel Asensi, recuperada de http://www. ddooss. org/articulos/entrevistas/Gayatri_Chakravorty. htm, junio 2015.

Bibliografía

Arendt Hanna, *Karl Marx y la tradición del pensamiento político occidental y Reflexiones sobre la Revolución húngara*. Madrid: Ediciones Encuentro, 2007.

Arendt Hanna, *La condición humana*, Buenos Aires: Paidos 2003.

Asensi Pérez, Manuel. *La subalternidad borrosa: Un poco más de debate en torno a los subalternos*. MACBA, Barcelona 2009. http://www. macba. cat/PDFs/spivak_manuel_asensi_cas. pdf

Foucault Michael. *Microfísica del poder*. Madrid, Las Ediciones de La Piqueta, 1979.

Gramsci, Antonio. *Cuadernos de la cárcel Volumen 3*. México: Ediciones Era, 2000.

Gramsci, Antonio. *Cuadernos de la cárcel Volumen 6*. México: Ediciones Era, 2000.

Spivak Gayatri Chakravorty, entrevista realizada por Manuel Asensi. Recuperada de http://www. ddooss. org/articulos/entrevistas/Gayatri_Chakravorty. htm, junio 2015.

Gayatri Chakravorty Spivak, ¿Puede hablar el sujeto subalterno? Bogota: *Revista Colombiana de Antropología*, vol. 39, enero-diciembre, 2003.

www.ingramcontent.com/pod-product-compliance
Lightning Source LLC
Chambersburg PA
CBHW071328130726
47996CB00002B/669